贵州改革
GUIZHOU REFORM

2023年度贵州省
改革试点优秀成果汇编

2023NIANDU GUIZHOUSHENG
GAIGE SHIDIAN YOUXIU CHENGGUO HUIBIAN

中共贵州省委改革办 ◎ 编

贵州大學出版社
Guizhou University Press
· 贵 阳 ·

图书在版编目（CIP）数据

2023年度贵州省改革试点优秀成果汇编 / 中共贵州省委改革办编. -- 贵阳 : 贵州大学出版社, 2024. 9.

ISBN 978-7-5691-0963-4

Ⅰ. F127.73

中国国家版本馆CIP数据核字第2024RX5424号

2023年度贵州省改革试点优秀成果汇编

编　　者：中共贵州省委改革办

出 版 人：闵　军
责任编辑：但明天
装帧设计：陈　艺　方国进

出版发行：贵州大学出版社有限责任公司
地址：贵阳市花溪区贵州大学北校区出版大楼
邮编：550025　电话：0851-88291180
印　　刷：贵阳精彩数字印刷有限公司
开　　本：720毫米×1000毫米　1/16
印　　张：12.25
字　　数：148千字
版　　次：2024年9月第1版
印　　次：2024年9月第1次印刷

书　　号：ISBN 978-7-5691-0963-4
定　　价：70.50元

编　委　会

主　编：林元森

副主编：肖章杰

成　员：杨昌德　张烈烈　李　矜　宋　宽
熊　强　代芹涟　黄羽翔　崔楠翊
王　言　雷安静　袁　杭　杨　淳
李　桐　唐树银　肖良玉

前　言

党的十八届三中全会以来，贵州省各地各部门坚持以习近平新时代中国特色社会主义思想为指导，深入学习贯彻习近平总书记关于全面深化改革的一系列新思想、新观点、新论断，深入学习贯彻习近平总书记视察贵州重要讲话精神和对贵州工作重要指示精神，坚持围绕“四新”主攻“四化”主战略和“四区一高地”主定位，坚定不移推进全面深化改革，在全国率先开展“一年一创新”“一市一示范”“一县一试点”改革工作，形成了一批可复制可推广的试点经验，为贵州高质量发展和现代化建设注入强劲动力。

为加强改革经验交流，营造良好改革氛围，激发全省各地各部门大胆试、大胆闯、主动改的改革精神，更好发挥试点对全局性改革的示范、突破、带动作用，贵州省委改革办从2023年12月开始，历时3个月，举办了“2023年度贵州省优秀改革试点”评选活动。经专家评审，从90个参评试点中评选出“贵州省跨行政区划检察改革试点”等40个优秀改革试点。现将《2023年度贵州省改革试点优秀成果汇编》编辑出版，供各地各部门学习参考。

目录

CONTENTS

贵州省跨行政区划检察改革试点

贵州省人民检察院、贵州省第一地区检察院

为贯彻落实中共中央关于深化与行政区划适当分离的司法管辖制度改革部署，按照最高人民检察院关于实施改革试点的总体要求，2022 年以来贵州省人民检察院组织开展了跨行政区划检察改革试点工作，推动并将贵阳铁路运输检察院更名为贵州省第一地区人民检察院，专门办理跨行政区划公益诉讼相关案件，积极稳妥拓展跨行政区划公益诉讼新领域，改革试点工作取得明显成效。

一、保障人民群众饮水安全

办理督促保护乌江流域生态环境行政公益诉讼案，是贵州省首例跨行政区划、涉大江大河治理公益诉讼案件，督促治理污染水域面积 30 余亩。清理垃圾 260 余吨、治理污水直排点 6 处。该案被最高人民检察院评为生态环境保护检察公益诉讼典型案例。通过办理红枫湖、百花湖水资源环境公益保护专案，推动属地政府出台整改方案，明确管理机构，强化饮用水水源地规范化建设管理。该案入选最高人民检察院“高质效办好每一个公益诉讼案件，更高水平守护人民群众美好生活”典型案例。

贵州省涉大江大河治理公益诉讼案听证会现场

二、聚焦非遗保护，促进文化传承

开展非物质文化遗产跨行政区划公益诉讼保护专项工作，推动全省检察机关共办理非遗保护公益诉讼案件122件，其中两个案件入选最高人民检察院典型案例。通过案件办理，解决非遗专项资金拨付、非遗传承人津贴发放、非遗传承场所修建等问题。同时，向省人大提出推动非遗保护、传承人管理方面的立法、修法建议，向省文化和旅游厅提出细化非遗保护分类指导、强化非遗知识产权保护、明确传承人退出机制、支持非遗项目产业化发展等方面的工作建议。该工作经验在最高人民检察院非遗保护专刊中刊出。与贵州省电视台联合制作第十个宪法宣传周特别节目《检察蓝上绽放的多彩非遗》——贵州检察保护非遗系列办案故事共五集，在贵州经济频道和动静贵州播出，其中一集被最高人民检察院微信公众号转发。

三、助力特殊群体无障碍出行

开展全省高铁站无障碍环境建设公益诉讼专项工作，对省内 59 个高铁站无障碍环境建设情况展开摸排，逐站建立台账，梳理出设施设置不规范、管护不力等问题。先后会同省残联、省残疾人就业服务中心、省盲协、省聋协等单位座谈，了解特殊群体的现实需求。多次邀请省残联、省住房城乡建设厅、成都铁路局召开圆桌会议，落实主体责任，明确各方职责，促进问题整改。与省住房城乡建设厅、省残联、成都铁路局会签《贵州省铁路运输领域无障碍环境建设协作机制》，联合打造“黔行无碍”铁路运输领域服务品牌，开通服务热线，为重点旅客提供乘车引导、出行帮助等无障碍出行服务。2024 年春运期间，在贵州省内获得“黔行无碍”服务的人数累计 2000 余人次。

贵州省铁路领域无障碍环境建设协作机制会签仪式

四、守护铁路安全生产

深入铁路沿线处置隐患、开展宣传。创新办理新窑桥（公跨铁立交桥）大交通安全隐患公益诉讼案，采用三级联动方式办理该案，解决跨铁路立交桥违规架设供水管道、护栏年久失修、超限超载等严重问题，让 1965 年的“老危桥”变“安心桥”。同时，通过个案办理延伸至溯源治理，督促超限超载严重的源头企业严格履行安全生产主体责任。

贵州省人民检察院新窑桥专案组现场跟进监督

贵州省全民所有自然资源资产所有权委托代理机制试点

贵州省自然资源厅、贵州省水利厅、贵州省林业局

一、试点背景及内容

党的十八大以来，全民所有自然资源资产管理体制机制逐步建立完善，这对生态文明建设起到了积极的推动作用，但仍存在自然资源资产底数不清、所有者不到位、权责不明晰、监管保护制度不健全等问题。2021 年 6 月，中共中央办公厅、国务院办公厅印发《全民所有自然资源资产所有权委托代理机制试点方案》，明确在全国各省（自治区、直辖市）和新疆生产建设兵团开展所有权委托代理机制试点工作。2022 年 2 月，省委办公厅、省政府办公厅印发《贵州省全民所有自然资源资产所有权委托代理机制试点实施总体方案》（以下简称《方案》），明确在贵阳市、遵义市等五个市（州）行政区域，针对全民所有土地、矿产、森林、草原、湿地、水等六类自然资源资产开展所有权委托代理机制试点，并对矿产资源、水资源进行重点探索。《方案》围绕“主张所有、行使权利、履行义务、承担责任、落实权益”的所有者职责工作主线，提出了五个方面的试点任务：一是明确所有者职责代理履行模式；二是编制自然资

源清单；三是依据委托代理权责依法履职行权；四是矿产资源、水资源的代理履职目标和工作重点；五是完善委托代理配套制度。

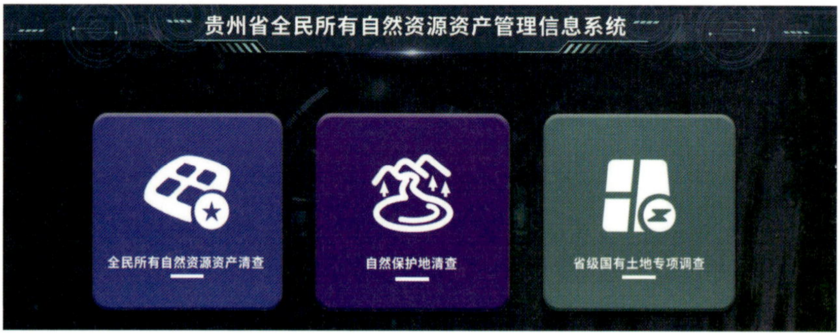

自然资源资产管理信息系统（初步探索）

二、探索创新，多举措夯实自然资源资产管理

一是创新编制省、市两级自然资源清单。印发省级人民政府、试点市（州）人民政府代理履行所有者职责的自然资源清单，明确各级政府代理履行土地、矿产、森林、草原、湿地、水等各类自然资源资产所有者职责的范围、主体、管理事项和依据，细化自然资源、水利、农业农村和林业等职能部门具体承担事项。二是创新开展自然保护地资产清查。在全国开创性开展自然保护地自然资源资产清查，分三年完成省级负责确权登记的58个自然保护地内全部自然资源资产的实物量清查，估算经济价值及生态价值。三是全面开展省级国有土地资产专项调查。对全省范围内省级机关、事业单位和省属国有企业国有土地资产开展专项调查，计划3年时间（2023—2025年）基本摸清省级国有土地使用权人、面积、类型、用途、权属、坐落、供应和利用等情况，建立资产管理台

账。四是积极探索“净矿”出让新模式。印发《贵州省自然资源厅矿业权净矿出让登记工作规程（试行）》，明确省级负责出让、登记的煤、煤层气等12种战略性矿产资源矿业权出让登记工作程序。五是深入推进用水权交易。印发《贵州省推进用水权改革实施方案》《贵州省用水权交易规则（试行）》，进一步规范用水权交易行为。六是积极探索林业碳汇发展新路径。印发《贵州省林业碳票登记及交易管理规则（试行）》，从省级层面统一和规范了林业碳票登记、交易、管理等工作，探索“林业碳票”+“金融”“保险”“收储”“中和”等模式。七是创新提出矿业权出让收益征收新机制。针对我省共伴生矿产资源，向国家提出了按矿业权出让收益基准率和按“价+率”两种方式征收矿业权出让收益的建议。八是积极推进自然资源资产“上图入库”。探索建设资源资产管理信息系统，并将自然保护地清查、资源资产清查、省级国有土地调查等成果纳入系统管理，推进自然资源资产“上图入库”。

三、成效显著，多形式助力自然资源高质量发展

（一）长效工作机制基本建立

印发省级28项重点任务分工方案，建立涵盖21个厅（局）和5个试点市（州）人民政府的省级联席会议制度；建立定期调度机制，省级任务牵头部门按季度、市（州）按半月报送试点进度，所有权委托代理机制试点工作协调机制、上下联动工作机制基本建立。

（二）分级代理格局初步形成

自然资源部、省、试点市（州）分别制定印发中央直接行使和省、

市代理行使全民所有自然资源资产所有者职责的自然资源清单，履行相应层级管理事项，分级代理格局初步形成。

梵净山自然保护地资源资产清查成果预览

（三）形成一批改革创新经验

一是形成了全民所有自然资源资产清查“贵州经验”，开展两批全民所有自然资源资产清查试点和 58 个自然保护地自然资源资产清查，探索建立了省级资产清查价格体系，构建了经济价值、生态价值评估方法。

二是初步建立了净矿出让机制，规范完善推进净矿出让相关制度文件。毕节市在赫章县和纳雍县积极探索开展砂石采矿权净矿出让方案，赫章县成功挂牌出让并登记砂石矿采矿权两宗、纳雍县成功完成三宗。

三是探索水资源资产基础调查，初步建立水资源资产价值核算方法。

四是水权改革经验被列入国家生态文明试验区推广案例，2024 年 3 月，全省累计开展区域水权交易和取水权交易共 44 单，累计协议交易水量 5312.33 万立方米，协议交易金额 2075.32 万元。

五是创新提出矿业权出让收益按“价 + 率”征收建议，纳入国家新修订矿业权出让收益征收办法。相关试点成果为国家全面落实统一行使所有者职责、修改完善相关法律法规提供了贵州经验。

贵州省深化“四好农村路”示范创建

贵州省交通运输厅、贵州省公路局

一、试点背景及内容

近年来，贵州省聚焦更好服务农业农村现代化和全面推进乡村振兴，以“四在农家·和美乡村”建设为载体，加快推动“四好农村路”建设，农村公路通行条件和路域环境明显提升，助力建设宜居宜业和美乡村。

二、试点创新举措

一是着力构建“一盘棋”工作格局。以“四好农村路”高质量发展为总目标，系统谋划、重点部署、协同推进，建立由省人民政府分管副省长任召集人的联席会议制度，多方位研究出台农村公路高质量发展政策和技术体系，建立激励机制，推动示范创建提质扩面。

二是着力优化“一张网”发展布局。围绕乡村振兴规划布局，推进农村公路向产业集中区、旅游景区延伸，进一步改善“六大产业基地”对外通行条件，推进县乡公路路面改善提升，破解农村公路“中间一公里”不畅难题。深化城乡交通运输一体化改革，推动城市公交线路向乡村延伸和农村客运班线公交化改造，提升农村客运公共服务均等化水平。

三是着力推进“一体化”融合发展。围绕“四在农家•和美乡村”建设，按照“建设精致化、管理规范化、养护精细化、绿化和美化、公路与文化、城乡一体化、服务最大化”，打造一批美丽农村路。推进“交邮融合+”发展，开通农村客货运班线，不断满足农产品进城和工业品下乡双向流通需求。

黔东南苗族侗族自治州中国乡村旅游1号公路
——侗乡传统村落精品旅游环线皮林至地坪段

四是着力建立“一系列”长效机制。全面推进管养体制改革，压紧压实管养主体责任。在全国率先研发使用“四好农村路”综合管理系统，数字赋能长效管理。分类有序推进养护市场化，全面推行“路长制”，将爱路护路纳入村规民约，积极推广实施以工代赈，助力群众就近就业增收。

三、试点主要成效

一是公路建设取得新进步。全省农村公路里程达18.5万公里，四级及以上公路占比91.3%，乡镇通三级及以上公路比例提升至62%，建成美丽农村路3.4万公里、美丽农村路经济示范走廊5000公里，全省1725个500亩及以上农业坝区、3A级及以上风景名胜区、100个特色小城镇均实现等级公路全覆盖，美丽农村交通路网加速形成。

二是公路管理达到新水平。首次将农村公路日常养护资金按5:2:3比例纳入省、市、县三级财政预算，年均费用由6亿元提高至10亿元。县、乡、村三级公路100%覆盖，爱路护路100%纳入村规民约，“四好农村路”综合管理系统省、市、县100%应用，形成“共商、共建、共治、共享、共有”的良好格局，农村公路治理能力加速提升。

乘客坐在雷山县开往永乐镇的“通村村APP”客运汽车里

三是公路养护取得新成效。农村公路养护市场化全覆盖，养护机械化、专业化水平大幅度提升，路况指标持续稳定向好，路面优良中等路率提高至80.14%。推广实施新时代以工代赈，2023年开发施工员、护路员等公益性岗位2.7万个，发放工资2.03亿元，建养增效和群众就业增收机制加速完善。

四是运输服务得到新提升。三级及以上客运站实现县级全覆盖，96.7%以上的乡镇建有客运站，开通农村公交、客运班线4339条，建制村100%通客运。创建城乡交通运输一体化全国示范县三个，城乡交通运输一体化发展水平4A级以上县域占比达95.5%。农村客运物流省、市、县、乡、村五级便利通达，农村居民享受“手机上下单、家门口坐车、集中点拿货”便民服务，“人享其行、物畅其流”的美好愿景加速实现。

五是示范创建实现新跃升。遵义市湄潭27°茶海路、播州区枫元至苟坝乡愁路获评全国“十大最美农村路”，黔东南苗族侗族自治州中国乡村旅游1号公路——侗乡传统村落精品旅游环线获评全国首批交旅融合发展典型案例，农村公路路况自动化检测、路长制、建设和养护资金长效保障机制、数字化信息化建设、助力共同富裕等五类共7个经验成果被纳入交通运输部典型案例。《黔南积极创建“四好农村路”示范州》《黔南州积极推进跨区域城际客运公交化改革》获《贵州改革情况交流》刊载。《贵州用好“以奖代补”政策助力交通基础设施网建设》《册亨县“路长制”改革推进农村公路管养提质增效》获《贵州改革工作动态》刊载。交通强国“四好农村路”高质量发展试点顺利通过交通运输部验收。累计创建“四好农村路”全国示范县28个，全国示范县创建率达32%，位居全国前列。六盘水市、铜仁市、黔南布依族苗族自治州获评全国“四好农村路”建设市域突出单位，我省与山东、江苏等五省并列全国第一。创建“四好农村路”省级示范县87个，“四好农村路”示范创建由示范引领向全域达标加速转变。

贵阳贵安全面深化服务贸易创新发展试点

贵州省商务厅、贵阳市人民政府、贵安新区管委会

一、试点背景及内容

2020 年 8 月，经国务院批复同意，在北京、上海、贵阳、贵安新区等 28 个地区开展全面深化服务贸易创新发展试点，试点期限为三年。

贵阳市结合“中国数谷”建设，聚焦大数据产业化应用与融合，以大数据支撑服务贸易数字化进程，构建“国际数字服务贸易港”。推动“大数据＋新兴服务外包”“大数据＋建筑工程服务”“大数据＋物流运输服务”“大数据＋医疗康养服务”“大数据＋旅游服务”“大数据＋国际会展服务”“大数据＋文化体育服务”等七大服务贸易重点领域发展，贵阳市 111 项试点任务已按期完成。

贵安新区依托“国家大数据综合试验区”资源禀赋，以构建“国际服务贸易数据港”为核心目标，聚焦大数据标准、安全、交易、招商、融合、共享、平台、管理等八个维度开展试点建设工作，贵安新区 57 项试点任务已按期完成。

二、试点创新举措

一是整合资源，利用试点打造服务贸易发展平台。省商务厅借助本轮试点机遇，支持贵阳市成功创建国家级数字服务外包示范城市，评审认定贵安新区为省级数字服务出口基地，丰富试点支持体系和集聚发展、创新发展平台。支持贵阳贵安充分利用“数博会”打造服务贸易国际交流合作平台，促进服务贸易领域投资、技术、市场开拓、人才培训等交流合作，贵州大数据、山地旅游、民族文化、生态康养、桥梁设计等“贵州服务”品牌得到大力宣传和推介。

国家大数据（贵州）综合试验区展示中心

二是引培并举，利用试点壮大服务贸易市场主体。在本轮试点期间，省商务厅支持贵阳贵安用好试点红利、资源禀赋和财政、税收便利化等政策，加强服务贸易主体引进和培育，近三年安排省级服务贸易发展项目资金 6000 余万元支持贵阳贵安服务贸易企业开拓国际市场。推动华为云将全球总部落地贵安新区，近两年国际业务成倍增长；吸引高登世德、一轶科技等一批新企业落户贵阳，支持“白山云”等本土企业的服务出口业务加速发展。贵阳大数据交易所发布全国首套数据流通交易规则，成为全国首个数据要素登记 OID（对象标识符）行业节点。

2023 年中国国际服务贸易交易会贵州馆

三是大胆探索，利用试点创新服务贸易促进机制。在本轮试点期间，省商务厅印发《支持贵阳市贵安新区融合推进服务贸易创新发展试点的实施意见》，将自由类技术进出口登记备案管理权限下放至贵阳市商务局，支持贵阳贵安探索创新服务贸易发展体制机制。省商务厅开展探索放宽自然人移动实施方案课题研究，支持与人才关联的项目、技术、资本等要素资源汇聚贵阳贵安。从 2021 年开始，将服务贸易指标纳入市州高质量发展考评指标体系，建立横向部门互动、纵向部门联动的服务贸易促进体系。

2021 年全球数字服务贸易高端对话在贵阳举行

三、试点主要成效

一是数字经济提档加速，成为区域发展“新动能”。数字经济表现亮眼，2022 年规上互联网和相关服务、软件和信息技术服务业实现营收 556 亿元、同比增长 103%，贵阳贵安服务贸易进出口总额占全省 90% 以上，离岸服务外包签约额和执行额占全省 99% 以上。数字新基建提档升级，“东数西算”工程全面实施，2022 年新增重点数据中心项目 11 个，互联网出省带宽达到 3.8 万 Gbit/s，5G 基站累计达到 2.2 万个。大数据人才队伍持续壮大，实施大数据人才“引、育、用、留”四大工程，目前大数据人才已超过 7 万人。

二是数字贸易趁势增长，成为服务贸易“新亮点”。数字经济及关联产业集群不断壮大，数字经济实现连续六年高速增长，已成为世界聚集超大型数据中心最多的地区之一，2021 年和 2022 年软件和信息技术服务分别同比增长 442% 和 245%。推动贸易数字化，2022 年贵阳市跨境电商贸易额完成 10.58 亿美元，同比增长 112%。数字企业国际竞争力不断增强。华为云全球总部落户，“白山云”成为国内领先的云计算服务提供商之一。

三是关联业态集聚赋能，成为创新创造“新支撑”。大力发展云外包、平台分包等数字服务新模式，推动文商旅服务数字化创新升级。大数据 + 建筑工程服务有序推进，贵阳铝镁设计院被商务部和工信部确定为“信息技术外包和制造业融合发展重点企业”；电建贵阳院在面向海外市场提供建筑及工程设计大数据综合服务解决方案方面迈出坚实步伐。

贵州省生态产品总值核算试点

贵州省统计局

一、试点背景及内容

党的十八大以来，习近平总书记多次对“推进生态产品价值实现工作”作出重要指示，中共中央、国务院出台《关于建立健全生态产品价值实现机制的意见》，支持我省“建立生态产品价值评价机制”，国发〔2022〕2 号文件、省“十四五”规划也明确了具体工作任务。面对新形势新要求，2022 年以来，省统计局以改革试点推动创新突破，选取赤水市、大方县、江口县、雷山县和都匀市五个地区，积极开展生态产品总值核算试点，为全省进一步加快构建生态产品价值实现机制奠定了扎实的基础。

二、试点创新举措

当前生态产品总值核算存在核算难、理解难、取数难、评估难等问题，已是全国乃至全球公认的共性难题。为破解这些难题，省统计局勇于探索、敢于创新，主要从三个方面开展生态产品总值核算试点工作。

一是创新开展生态产品总值核算试点理论研究。及时跟进国家统计局顶层设计方向和工作的最新进展，深入研究联合国 SEEA-EA 统计框架，结合联合国“自然资本核算与生态系统服务估价”贵州试点项目成果，与广东、四川、云南、广西等兄弟省份交流学习，梳理生态产品总值核算理论方法；先后多次邀请十余家省直部门、科研院所及省内高校生态领域专家，结合我省生态实际，反复研讨交流，制定印发试点地区及省级生态产品总值核算方案。

贵州省生态产品总值核算方案研讨会

二是创新构建生态产品总值核算指标体系。2022 年以来，省统计局组织召开多轮次生态产品总值核算培训会，夯实各市（州）及试点县（市）生态产品总值核算基础；指导各试点地区协同十多家县级部门开展生态产品总值核算指标数据收集审核，先后多次对各试点县（市）及赤水河流域相关县（市、区）开展调研指导；结合试点指标数据收集情况，建立完善生态产品总值核算指标体系，多次征求部门意见建议，明确部门分工及指标类型。

三是创新开展试点地区生态产品总值试算。2022 年，遵照国家规范和核算指标体系，省统计局指导各试点地区统计局组织开展 2019 年生态产品总值试算；2023 年，按照试点核算方案，指导开展五个试点地区 2018—2022 年生态产品总值试算；核算方案修订完善后，指导试点地区统计局补充收集相关指标数据，修正试算数据；邀请省直相关部门、高校专家教授对试点地区近五年的试算结果进行评审，夯实数据质量。

贵州省统计局调研都匀市青云湖水库

三、试点主要成效

省统计局大胆试、大胆闯、自主改，不断攻重点、破难点、创亮点，有力推进生态产品总值核算试点这一重点改革任务取得三大成效。

一是制定《贵州省生态产品总值核算方案（试行）》。当前，全国各省份的理论方法研究都是围绕某个领域或某个方面展开，我省通过开展生态产品总值核算试点，全面推进我省涉及的五类生态系统核算理论研究和实践创新，在全国率先制定省级全类型生态产品总值核算方案，与国家核算规范相比，需提供的基础指标大幅度缩减，省级核算指标满足率大幅度提升，实现了核算方法从“繁”到“简”的突破。

二是在全国率先实现省、市、县三级试算数据横纵向可比。构建了一套系统完备的生态产品总值核算指标体系，涵盖了11家部门、6个方面、49个种类的核算指标，畅通部门数据共享机制，对省、市、县三级2018—2022年近五年生态产品总值开展全面试算，试算结果实现横向和纵向的基本衔接和数据可比，在全国属于首创。

三是为我省生态文明先行区建设提供评价数据支持。目前，对生态产品总值核算的研究、创新和突破，为评价全省生态文明先行区建设和高质量发展进程夯实了基础，为全省加快构建生态产品价值实现机制和实施“双考核”创造了条件。省委、省人民政府主要领导分别作出批示，予以充分肯定。

贵州省森林碳汇指数保险试点

贵州省林业局、贵州省财政厅、

中国平安财产保险股份有限公司贵州分公司、

中国太平洋财产保险股份有限公司贵州分公司

为推动实现碳达峰碳中和工作目标，贯彻落实省委、省政府关于“双碳”工作的决策部署，2022 年 4 月至 2023 年 12 月，省林业局、省财政厅联合平安产险贵州分公司、太平洋产险贵州分公司在龙里县和黔西市开展了森林碳汇指数保险试点，为推动贵州省森林碳汇与金融机构合作趟出了新的路子。

一、试点背景及内容

习近平总书记强调：“我们要提高战略思维能力，把系统观念贯穿‘双碳’工作全过程。”我国力争在 2030 年前实现碳达峰、2060 年前实现碳中和，是党中央经过深思熟虑作出的重大战略决策。为贯彻落实“双碳”战略决策，省委、省政府提出了“强化责任性购碳约束，推广碳金融产品和服务，构建普惠金融、绿色债券、生态基金、生态保险组成的绿色金融服务体系”的要求。贵州省森林保险只保障林木的物化成本，而森林碳汇经济价值的保障还处于空白状态。森林碳汇保险是以符合碳汇标准的森林为保险“标的物”，以森林碳汇预期价值为核算基础，对因自然灾害等因素造成碳汇损失的，由保险机构赔付相应损失，为森林碳汇提供了更加全面的保障。

黔西市林业碳汇试点现场鸟瞰图

二、试点创新举措

省林业局会同省财政厅联合平安产险贵州分公司、太平洋产险贵州分公司分别在龙里林场和黔西市开发了两类森林碳汇保险。

一是平安产险贵州分公司在龙里林场开展的森林碳汇保险试点创新提出了双向保险责任模式，一方面对因火灾、暴雨、暴风、暴雪、洪水、滑坡、泥石流、雨雪、冰冻、霜冻、干旱、林业有害生物等自然灾害导致的森林碳汇量损失进行赔付，另一方面对因森林抚育导致碳汇量增加的成本进行补偿。该试点投保金额 8.93 万元，投保面积 19.9 万亩，保险金额 1787 万元，约定碳汇目标增速 2%，一年后保险公司依据碳汇增长或者减少情况，按约定比例进行赔付。

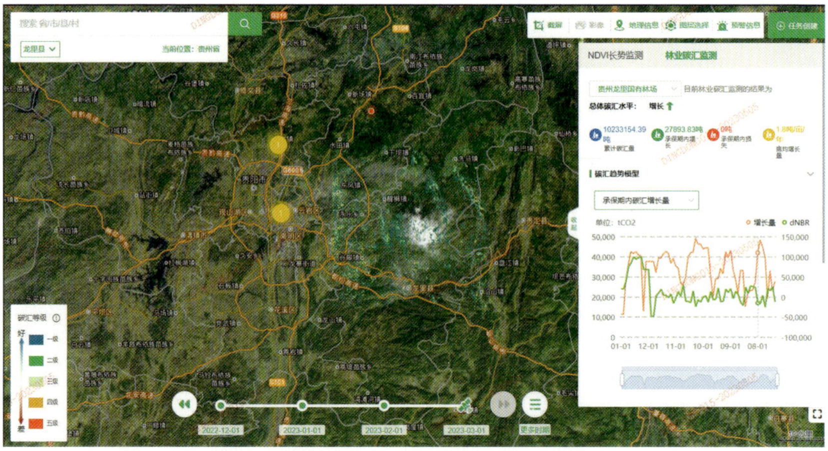

龙里县林场林业碳汇试点碳汇监测图

二是太平洋产险贵州分公司在碳票的基础上，联合林业部门、太平洋保险公司、中国银行共同测算碳汇价值，在一个碳汇周期内（一般为五年）对测算的碳汇价值进行投保，首次将林业、保险公司、银行有效衔接，并开发了火灾“碳泄漏”保险，即火灾等灾害发生后，保险公司将对林木损失导致碳泄漏部分进行赔付。该试点投保金额 1.75 万元，投保面积 3.3 万亩，保险金额 500 万元。该保险首次通过林业、银行、保险公司三方认证，降低了林业企业的融资成本，为助力生态碳汇绿色发展提供了金融创新解决方案。

三、试点主要成效

经过一年的试点，森林碳汇指数保险试点取得了一定成效。截至2023年年底，龙里林场累积固碳碳汇量10608455.32吨CO_2（吨二氧化碳当量），相较于2022年初累积固碳碳汇量10233154.39吨CO_2增长了375300.93吨CO_2，碳汇损失量0吨CO_2，每亩均碳汇增长量为1.8853吨CO_2，碳汇增长率3.54%，超过保单约定的增长速度，平安产险贵州分公司为龙里林场赔偿了森林抚育成本9万元。由太平洋产险贵州分公司为黔西市毕绿生态绿色产业发展有限公司持有的全省首张林业碳票提供碳汇风险保障500万元，约定因火灾、暴雨、暴风、暴雪、洪水、滑坡、泥石流等自然灾害导致林木碳汇量减少的由保险公司进行理赔。同时，黔西市毕绿生态绿色产业发展有限公司以碳汇保单作为担保依据，向贵州银行申请贷款，贵州银行已为该公司发放贷款500万元。

贵阳市创新人才激励机制和流动机制改革试点

中共贵州省委组织部、中共贵阳市委改革办、中共贵阳市委组织部、
贵安新区组织人事部、贵阳市人力资源和社会保障局

近年来，贵阳市把强人才作为“强省会”八个“强”重点任务的重要内容，认真落实人才工作“五个一”要求，围绕创新人才激励机制和流动机制，持续推动深化改革，着力形成系统完备的创新人才政策体系，强化人才对重点产业发展的引领作用，奋力推进贵阳贵安人才大汇聚。

一、建立健全人才发展体制机制

围绕“谁来管”“怎么管”“管什么”三个问题，健全完善统筹、调度、保障、评价、宣传等五个方面工作机制。一是健全统筹机制。坚持党管人才，落实各级党委（党组）抓人才工作的主体责任、党委（党组）“一把手”抓“第一资源”责任、班子成员“一岗双责”责任，完善各级党委（党组）定期研究人才工作制度。二是健全调度机制。聚焦年度人才工作重点，按季度围绕目标任务、政策兑现、人才服务等进行调度，截至2023年年底，已召开市委人才工作领导小组会议8次，指挥部调度会议35次。三是健全保障机制。统筹安排人才开发经费，强化多元投入，加大市、区两级人才经费财政保障力度。2021年来，累计投入人才

相关资金超过 15 亿元。四是健全评价机制。进一步精简优化考核指标，每年制定年度人才工作要点、考核办法，对 68 家单位共性目标和相关业务目标进行明确。五是健全宣传机制。依托“人才日”“人博会”等重要活动和中央、省（市）媒体资源，多渠道、多形式宣传推广人才工作好案例、好经验、好做法，持续发出贵阳贵安人才工作好声音。

贵阳贵安“筑人才·强省会”高校毕业生就业创业行动综合性招聘活动

二、加快各类创新人才提质增量

紧扣高质量发展需求，聚焦高校毕业生、重点人才、高层次人才等重点群体和优势资源，大力引进培育各方面优秀人才。一是聚焦高校毕业生。实施贵阳贵安高校毕业生就业创业行动，2021 年来，已新增留

（来）筑高校毕业生28.5万人。其中，在黔高校毕业生留筑就业23.91万人，省外高校毕业生来筑就业4.59万人。二是聚焦重点人才。制定发布重点产业目录和人才需求目录，高标准谋划推动重点人才五年倍增行动计划，引进培养重点产业、重点领域人才5552人，建立532人的贵阳贵安重点人才库。三是聚焦高层次人才。截至2023年年底，已引进各类高层次及急需紧缺人才8762人，共争取34名中组部、团中央赴黔博士服务团成员到贵阳贵安挂职。

赛嶺·贵阳市人才公寓（万科城项目）

三、推动产才融合，激发创新活力

着力解决产业、创新和人才的协同发展问题，推动产业发展和人才培养引进同频共振。一是突出产业聚才。统筹推进各类平台建设，推动形成集聚人才的强大磁场。累计在贵阳贵安建设院士工作站43个，博士后工作站9个，各类国家级平台70个、省级平台365个。支持27个人才（团队）项目，支持金额9.96亿元，相关项目引进高层次人才486人。二是培育创新载体。按照“一心一网三库”规划建设人才信息平台，打造人才工作“驾驶舱”“指挥舱”，用好线上线下人才服务平台，截至2023年年底，线上平台累计访问15.41万人次，办理人才服务事项11853件。三是落实政策服务。聚焦“卡、钱、户、房、岗”五大要素，加快政策优化升级。“卡”方面，累计发放筑才卡（高层次人才）2032张、筑才卡（青年人才）20余万张；“钱”方面，2021年以来，市级兑现人才津贴1.97亿元，惠及人才8582名；“户”方面，持续落实“三最”户籍政策，强化部门联动，优化户籍配套，提升户籍影响力，实现了63项高频户籍业务通过手机、电脑端“一网通办”；“房”方面，累计筹集并交付人才保障房32417套（间），同时筹集市场可租房源3.7万套，可优惠购买房源1.1万套；“岗”方面，稳定公共岗位、拓展企业岗位、用活各类岗位等保障岗位供给，全方位、多举措支持青年人才在贵阳贵安就业创业。

中国贵阳人力资源服务产业园

贵州省取水许可告知承诺制改革试点

贵州省水利厅

一、试点背景及内容

取水许可制度是水利部门的行政审批事项之一，为贯彻落实省委、省人民政府围绕“四新”主攻“四化”主战略，贵州省水利厅坚持精准服务，靶向发力，将取水许可审批作为深入推进“政府职能转变”、优化营商环境、强化改革创新的关键环节，针对取水审批中存在的论证复杂、材料烦琐、企业成本高等难点痛点，结合贵州实际情况，出台《贵州省推行取水许可告知承诺制实施方案（试行）》，对取用水量较小的农业生产、酒、畜禽养殖等推行取水许可告知承诺制，符合条件的取用水户无需编制论证报告书（表），只要填写承诺书和申请表就可以快速获得审批，实行承诺制审批的时间由一个月以上缩短为“即到即办”。着力为企业纾困解难，构建高效便民的取水许可审批机制。

贵州省水利厅实施告知承诺制助力渔业发展

二、试点创新举措

一是重塑审批流程。针对建设项目申请取水，需编制水资源论证报告书、评审、批复等流程繁多的情况，省水利厅出台全国首例《水资源论证区域评估导则》和《取水工程（设施）管理规范》地方标准。组织水利部门对仁怀、水城等地的开发区和白酒聚集区开展水资源论证区域评估，评估成果供建设单位免费使用，改革后由企业出钱变政府买单、单项论证变区域评估、部门审批变企业备案，实现减环节、减材料、减成本。

二是推行极简审批。针对小微项目论证复杂、办理烦琐的痛点，省水利厅出台《贵州省推行取水许可告知承诺制实施方案（试行）》，对部分取用地表水量较小的项目实行告知承诺制，提交承诺书和申请表即可办理，将取水许可申请材料由原来的 7 份简化为“承诺书 + 一张表”，实现“零成本申报”，切实提升群众满意度和获得感。

三是着力方便群众“就近办”。2023年10月，省水利厅统一对省级立项的公路、铁路等线性工程附属设施及风电、光伏等附属设施取水量较小的项目审批权进行下放，实行承诺制审批，切实提高办事便利度，持续提升企业获得感和满意度。

四是项目服务“零距离”。全省共明确101人负责为项目提供从论证报告编制到审批、验收、发证的全过程服务，指导项目单位做好水源评估、水权交易等工作，对不会填写相关材料的办事人，提供全程帮办、代办服务。截至2023年年底，共发送34283条主动服务短信，对相关咨询即收快办、答疑解惑，助推项目早开工、早投产。

三、试点主要成效

一是审批流程更加高效便捷。取水许可告知承诺制的实施进一步优化了取水许可审批流程，提升行政服务能效。实行承诺制审批的项目，申请材料大幅度精简，取水许可审批时间大幅度缩短，由一个月以上缩短为“即到即办”，审批时间最短可一个工作日办结。尤其是对公路、光伏等取水量较小的附属项目全部下放“就近办”，为新项目开工建设省时提速。

二是企业成本实现大幅度降低。通过推行水资源论证区域评估和取水许可告知承诺制，截至2023年年底，全省已有607个项目通过告知承诺制简化手续，共为企业群众节约论证报告书编制成本超过4000万元，节省行政审查费用2000余万元，切实解决了企业、群众办事“成本高”

和前期手续“多次跑”的问题。指导织金苍海煤矿、金沙茶园二期等项目优化取水口设置，为企业减少近4000万元的建设成本。指导仁怀市44家企业通过水权交易解决10000吨白酒生产用水，产生经济效益超过10亿元；探索丰水地区水资源变“水资产”的创新。

三是改革经验获得肯定和推广。通过改革创新、精简审批和精细管理，省水利厅取水审批改革事项受到企业和群众的一致好评，在学习贯彻习近平新时代中国特色社会主义思想主题教育活动中，入选省委第一批主题教育正面典型案例学习推广，在2023年省直机关服务高质量发展改革创新项目评比中获一等奖，被贵州改革、贵州日报、学习强国等媒体广泛宣传，在国务院对贵州实行最严格水资源管理制度考核中连续两年获得“优秀”等次，并得到省人民政府主要领导肯定表扬。

何万权夫妇领取通过告知承诺制办理的取水许可证

贵州打造“一件事一次办”升级版试点

贵州省政务服务中心、铜仁市政务服务中心、黔东南州政务服务中心

为贯彻落实《国务院办公厅关于加快推进“一件事一次办”打造政务服务升级版的指导意见》（国办发〔2022〕32号）要求，各地区要建立部门协同、整体联动的工作机制，完成企业和个人政务服务“一件事”事项基础清单中的任务，并结合各地实际拓展本地区“一件事”事项范围。按照国家部署要求，结合我省“集成套餐”服务改革基础，利用铜仁市碧江区、黔东南苗族侗族自治州凯里市政务服务大厅市区（州市）共建优势，并围绕“一件事”链条延伸、跨层级协同服务、“N件事一窗一网一次办”三个主题开展试点探索。

一、夯实改革基础

为推进试点地区改革工作，省政务服务中心出台了《贵州省加快推进“一件事一次办”打造政务服务升级版的实施方案》，作为落实国家“一件事”改革总纲，联合民政、市场监管、人力资源和社会保障等牵头部门分别印发子方案八个。围绕事项标准化、线下“一窗”、线上“一网”三个维度，夯实改革基础，统一事项标准化，保障“一件事”涉及

事项按一个标准实施，深化“一窗通办‘2+2’模式”改革，推动“一件事”涉及事项“前台综合受理、后台分类审批、综合窗口出件”，并以贵州政务服务网作为“一件事”统一申报入口，推动多部门自建业务系统与贵州政务服务网融合，发布98类电子证照共享应用，实现事项证照免提交。

二、探索改革创新

指导试点地区围绕服务链条延伸、跨层级协同服务、“N件事一窗一网一次办”开展试点探索。

一是探索延伸服务链条，在国家“一件事”事项清单的基础上，根据申请材料、关联事项、申请习惯等维度，叠加更多的政务服务事项。黔东南苗族侗族自治州在企业开办“一件事”事项基础上，增加了“健康证、食品生产许可证、检验报告、商品条码注册”等事项，推出具有黔东南苗族侗族自治州特色的“酸汤厂开办”。

二是探索跨层级协同服务，发挥试点地区共建优势，将申请人需跨层级办理的多个事项进行整合，推出跨层级“一件事”服务。铜仁市推出不动产继承公证转移登记服务，铜仁市司法局、碧江区不动产登记中心、税务局联合办理，大幅度压缩办理时限；黔东南苗族侗族自治州推出药店开办服务，整合涉及两个层级、9个部门的15个事项，实现跨层级、跨部门办理。

黔东南苗族侗族自治州政务服务中心大厅

三是探索“N件事一窗一网一次办”服务模式，根据企业的不同需求，将多件事进行“打包”，提供“自由组合快捷办”。铜仁市根据房地产行业市场需求，推出二手房交易“带押过户”服务，通过“不动产+金融”“不动产+公证”的合作模式，实现合同网签备案、交税、房屋转移登记、贷款发放等事项10分钟内联合办理、一窗办结；黔东南苗族侗族自治州根据企业需求推出“加油站许可证照变更”跨层级联合服务，整七个部门、七个事项，实现六证齐发，时限压缩率达80%。

铜仁市政务服务中心大厅新生儿一站式服务

三、深化改革措施

未来，将不断总结提炼铜仁市、黔东南州“一件事”改革试点经验，并按照《国务院关于进一步优化政务服务提升行政效能推动“高效办成一件事”的指导意见》（国发〔2024〕3号）最新部署要求，大力推动“高效办成一件事”事项清单，从办事方式多元化、办事流程最优化、办事材料最简化、办事成本最小化，探索贵州改革创新经验，最大限度利企便民，大幅度提升企业和群众办事满意度、获得感。

全国一体化算力网络国家（贵州）枢纽节点试点

中共贵阳市委改革办、贵安新区大数据和科技创新局、
贵阳市大数据发展管理局

近年来，贵阳贵安抢抓国发〔2022〕2号文件重大机遇，深入贯彻省委、省人民政府关于在实施数字经济战略上抢新机的重要决策部署，坚定不移推进“数字活市”战略，全面落实数字经济“一二三四”工作思路，聚焦“算力、赋能、产业”三个关键，抢占智算、行业大模型培育、数据训练三个“制高点”，紧扣“存力、算力、运力、电力”四个方面改革突破，加快建设面向全国的算力保障基地和全国一体化算力网络国家（贵州）枢纽节点，数字经济发展势头强劲、成绩亮眼。2023年，贵阳贵安数字经济对地方经济增长贡献不断提升，数字经济增加值占地方经济增加值比重超过50%。

一、加强顶层设计，政策支撑体系不断完善

我省印发实施《全国一体化算力网络国家（贵州）枢纽节点试点实施方案》《贵阳贵安关于加快建设数字经济发展创新区核心区的实施方案》《贵阳贵安“一市长一示范”推进数字应用场景建设行动方案（2023—2025年）》《贵阳贵安数字基础设施建设三年攻坚行动计

划（2023—2025年）》《贵安新区数字产业三年行动计划方案》等专项方案，突出贵安特色，配套出台《贵安新区数字产业三年行动计划方案（2023—2025年）》《贵阳贵安关于支持人工智能大模型发展的若干措施》等专项政策，形成相互衔接的政策体系。

二、数据中心集聚成势

以贵安数据中心集群为核心，围绕金融、国家部委、央企、互联网头部企业四大板块优化数据中心布局，规划总用地面积约1.5万亩，推动大型和超大型数据中心集聚发展，全力打造面向全国的算力保障基地。截至目前，累计引进中国电信、中国联通、中国移动、华为云数据中心（高端园、云上屯）、腾讯、苹果等大型及以上数据中心19个，建成标准机架14.3万架。获批“中国南方数据中心示范基地”称号，成为全国十大数据中心集群之一，全球聚集超大型数据中心最多的地区之一。

贵安新区华为云数据中心

三、算力结构持续优化

突出“存算一体，智算优先”，推动智算中心、超算中心从无到有，贵安超算中心、贵州气象高性能算力中心等建成投运；华为全球最大智算中心落地建设，中国电信“东数西算”智算中心、贵州主枢纽中心一期建成投运；中国移动智算中心、燧原智算中心、贵安新区渲染智算中心等相继签约，算力供给持续优化，智算能力突飞猛进、实现重点突破。已部署智算卡超过8.4万张，算力规模突破29Eflops（每秒100京次浮点运算次数），成为全国智算能力最强的地区之一。

四、算力网络不断夯实

贵阳贵安国家级互联网骨干直联点网间带宽扩容至700Gbit/s，与北京、上海、南京、武汉、深圳等38座城市实现网络直联；互联网出省带宽达4.53万Gbit/s，光缆长度达29万千米；建成贵阳至广州电信直连光缆，投用贵阳至宁波400Gbit/s移动高速光纤，新建联通六条东西向干线及高速传输系统，开工建设广电贵阳至广州高速通道；实现贵安集群省内单向时延3毫秒，至成渝6毫秒、粤港澳10毫秒、长三角16毫秒以及京津冀18毫秒。

五、算力调度加速布局

以贵安数据中心集群为核心，按照“一中心+一基地”的算力调度模式，以“大通算、中智算、小超算”的算力结构，构建逻辑集中、物理分散、主备结合的公共算力池。组建贵州算力公司，发布上线全国一体化算力网络国家（贵州）枢纽节点调度平台 3.0 版，推动实现算力标识和算力度量、算力并网和异构资源调度、可视化编排调度、智算任务分发、超算任务分发、算力券应用、算力商城应用等特色场景。截至 2023 年年底，平台已引入算力服务商 33 家，算力需求方 399 家，汇聚算力 3216Pflops、存力 950PB，算力交易累计达 7.5 亿元。

贵阳大数据科创城

六、数据交易探索引领前沿

设立全国首个大数据交易所——贵阳大数据交易所并持续优化提升，构建以“省数据流通交易服务中心 + 贵阳大数据交易所有限责任公司 + 数据流通交易平台”为核心的“一中心一公司一平台”新体系架构。贵阳贵安大数据城已成为全国信标委“大数据交易标准试点基地”，发布全国首套数据流通交易规则；成为全国首个数据要素登记 OID 行业节点，上线全国首个“数据产品交易价格计算器”，开展数据资产入表探索，打造一批特色“数据专区”，发布全国首笔个人数据交易，为全国大数据交易领域的探索贡献“贵阳智慧”。截至2023年年底，贵阳大数据交易所已入驻数据商800余家、数据中介100家，上架交易产品超1500个，累计完成交易超1600笔，交易额突破31亿元。

七、数实融合不断深入

大力实施“一市长一示范”数字应用场景建设行动和“万企融合”大赋能行动，加快贵阳大数据科创城数字场景应用示范区建设，推动数实融合、加快数字赋能。大数据与实体经济融合指数从2017年的42.5上升至2023年的56以上。2023年，182家规模以上工业企业开展数字化转型诊断改造，建成融合示范项目211个。重点聚焦十大重点产业及贵阳大数据科创城建设，围绕政府治理、行业数字化融合应用、数字孪生城市、工业互联网等重点领域，发布数字应用场景229个。

八、算力产业快速发展

近年来，贵阳贵安围绕“一硬一软”布局数字产业，深入实施电子信息制造攻坚行动和“软件再出发”行动，“一硬一软”两大产业持续壮大。“一硬”方面，围绕“芯、件、板、机、器”，重点在服务器、智能终端等整机产品上发力，以整机带动配套，推进产业链式发展，支持云上鲲鹏、航天电器、振华新云、顺络迅达等一批重点企业不断壮大。2023年，规上电子信息制造业完成工业总产值300.4亿元，完成工业增加值3.13亿元，同比增长89%。“一软”方面，突出云服务“首位产业”，以龙头带生态的方式，重点发展行业软件、云化软件、嵌入式软件、安全产品和软件外包，累计引进中软国际、中融信通、中融软科等华为生态企业44家，支持白山云、数据宝等一批重点企业快速发展。2023年，软件业务收入达832.6亿元，同比增长20.6%，软件业务成为贵阳贵安“1+7+1”重点产业中首个规模超过800亿元的产业，引领软件和信息技术服务业“软实力”成为数字经济的“硬支撑”。

贵阳贵安移动、电信、联通三大运营商数据中心

遵义市公立医院改革与高质量发展试点

中共遵义市委改革办、遵义市卫生健康局

近年来，遵义市以中央财政支持公立医院改革与高质量发展示范项目为契机，通过创新体制机制、推进重点改革、强化保障措施，深化公立医院综合改革，促进优质医疗资源扩容下沉和区域均衡布局，为人民群众提供更加优质高效的医疗卫生服务。

2023 年 2 月 8 日，遵义市公立医院改革与高质量发展示范项目座谈会在遵义市第一人民医院举行。

遵义市公立医院改革与高质量发展示范项目座谈会

一、基本做法

（一）创新部门会商联动机制

一是建立由市、县两级主要领导共同参与的“三医联动”改革会商机制，每年定期组织召开联席会议，切实提高医保、医疗、医药协同发展和治理效能，破解改革难点堵点。二是针对DIP支付方式、医共体总额付费改革和公立医院考核管理先后出台9个政策性配套文件，进一步完善了改革配套措施。三是及时调度136个具体项目建设进度，有力推动公立医院改革与高质量发展示范项目实施。

2023年8月4日，遵义市首例手术机器人辅助全膝关节置换术在遵义市第一人民医院开展。在公立医院改革与高质量发展示范项目支撑下，遵义市第一人民医院引进国内自主研制的新一代天玑手术辅助机器人，标志着该院在脊柱、创伤、关节置换骨科三大领域均已迈入智能化、精准化时代。

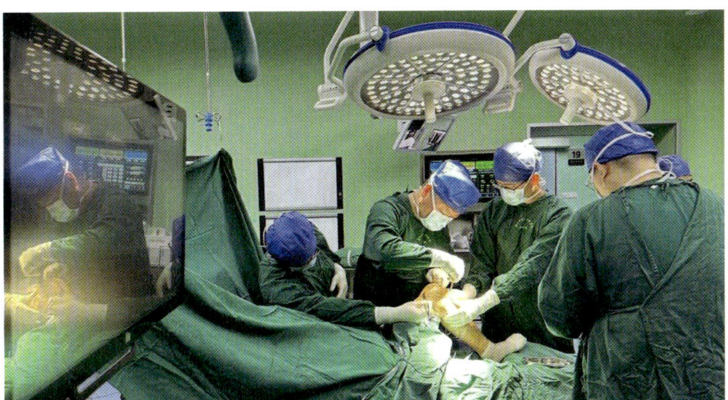

遵义市第一人民医院首例天玑手术辅助机器人辅助全膝关节置换手术

（二）推进公立医院人事管理制度改革

协同遵义市委编办、市人社部门实施公立医院人员控制改革，着力解决公立医院编制总量不足问题。按照编制床位的1.3至1.7倍核增公立医院可用人员25245名，增幅达217%。截至2023年年底，已补员3474名，累计增加财政预算投入3.17亿元，维护公立医院公益性。

（三）推进构建整合型医疗卫生服务体系

一是推动城区医疗资源提质增效。积极对接争取四川大学华西医院来遵帮扶遵义市第一人民医院，共建省级区域医疗中心，提升遵义市医疗质量和技术水平。积极推进紧密型城市医疗集团建设，依托市级医院在城区组建三个城市医疗集团，带动基层医疗卫生机构提升服务能力和管理水平。

二是创新县域医共体建设。针对“县级带不动、乡镇运不转、村级兜不住”的现实问题，探索形成“县级带中心、中心带一般”“突出中心、梯次发展”的医共体建设新模式，组建县域医共体26个，规划布局县域医疗次中心52个、建成22个，实现资源有效下沉。启动建设覆盖所有县域医共体的信息化平台，投入资金5939万元。

三是完善乡村一体化管理机制。以在岗村医缴纳养老保险、村卫生室优化结构布局、试点实施优秀村医纳入编制内管理、药品供应保障、建设乡镇卫生院分院和村医大轮训等“六大保障政策”为支撑，全面筑牢基层卫生服务网底。

（四）推动建设医疗服务新模式

一是区域医疗健康信息互联互通。建成全民健康信息平台和医学影像数据中心，初步实现区域内医疗机构互联互通和数据汇聚共享。建立市级医学检验检查结果共享交换平台，全市二级公立医疗机构医学检验检查结果互认共享实现全覆盖。

二是完善互联网服务模式。二级以上医院已全部提供自助机和诊间支付服务，开展网上预约诊疗、线上医保支付、云影像（云胶片）、医学检验检查结果查询等，服务更加便捷。

三是推进“互联网 + 院前急救”。建成全市医疗紧急救援统一指挥调度平台。在遵义市中医院试点实施区域胸痛中心、区域一体化危重症协同急救平台，实时监测救护车上患者的状况，实现患者上车即入院。

贵州省航天医院通过远程智慧医疗方式搭建遵义市远程脑电、心电监测网络，形成“上下联动，远程协作，优势互补”的医疗模式，推动优质医疗资源下沉，方便群众就近医疗。

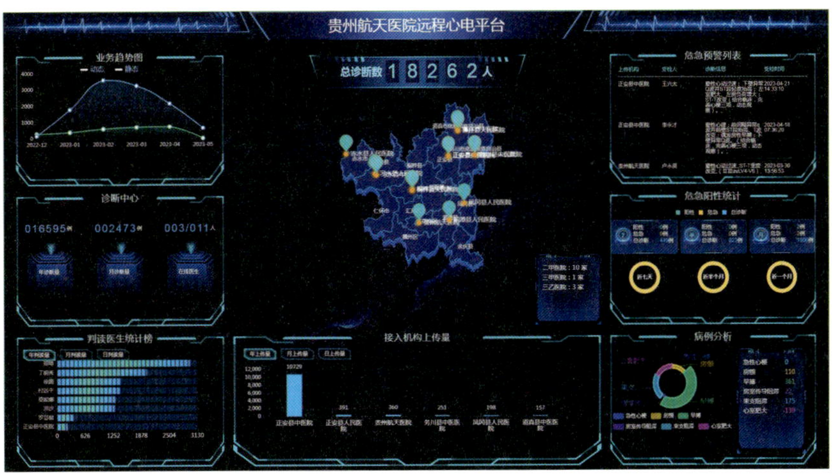

贵州省航天医院远程心电平台

二、试点主要成效

一是“三医”协同治理效能提升。2023年，遵义市实施医疗服务价格专项调整75项，对DIP支付系数和病种目录进行调整完善；新增中医操作病种278个，实行中医医疗机构系数和中医优势病种分值加权，促进中医药事业传承发展。

二是公立医院运营发展能力增强。与2021年相比，三级公立医院出院患者四级手术占比提升6.87个百分点，实现收支平衡的医院占比提升10.53个百分点，管理费用占比降低1.6个百分点。

三是群众就医负担明显减轻。自遵义市推进医共体建设以来，开展新技术、新项目从62项上升至159项，群众县域就医更有保障，节约了就医综合成本。与2021年相比，门诊和住院次均费分别降低3.6和6.16个百分点。

四是经验做法得到肯定和推广。遵义市公立医院改革与高质量发展相关经验做法在国家卫健委《中国卫生杂志》《健康报》和贵州省《贵州改革工作动态》刊载推广，广西南宁、云南玉溪、江苏扬州等地先后到遵义交流学习。

安顺市“互联网＋医疗健康”大数据产业应用试点

中共安顺市委改革办、安顺市卫生健康局

2021 年 7 月以来，安顺市聚焦医疗卫生发展不平衡不充分和群众“看病难”“看病远”“看病贵”等急难愁盼问题，积极响应数字健康发展战略，抢抓贵州省作为国家健康医疗大数据西部中心和“互联网＋医疗健康”示范省的机遇，以优质医疗资源扩容和均衡布局、公立医院高质量发展、更好满足人民日益增长的医疗服务需求、切实增强群众就医获得感等为目标，全力搭建全民健康信息平台，拓展“互联网＋医疗健康”多场景应用模式，推动全市卫生健康事业高质量发展。

一、加强顶层设计，实现数据汇聚

按照“设计顶层、规范中层、统一基层”思路，统一部署卫生健康信息化建设工作，先后出台《安顺市全民健康信息平台建设实施方案》《安顺市互联网＋医疗健康大数据产业应用试点实施方案》《安顺市医学检验检查共享信息化建设实施方案》等文件。以政策换市场、市场换投资的方式，由安顺市大健康医投公司（国资公司）与山东众阳健康科技公司共同组建安顺智慧健康公司，搭建安顺市全民健康信息平台，重建乡、村两级卫生健康信息系统，健全居民电子健康档案、电子病历、全员人口等基础数据库，将全市公立医疗机构数据及公共卫生数据统一向市级平台汇聚。目前，平台已汇集全市21家二级以上公立医院、93家乡镇卫生院（社区卫生服务中心）、1518个村卫生室（社区卫生服务站）数据；初步建成240余万份全、真、活、可用的居民电子健康档案，实现全市卫生健康数据统一上云、用数、赋智和管理。

安顺市儿童医院自助服务终端

二、破除数据壁垒，实现互联互通

聚焦医疗机构间、行业间、区域间各自为政，导致数据互不联通、信息难以共享的问题，依托贵州省卫生健康专网，在市级全民健康信息平台上设置县级管理服务应用子平台，推进市、县医疗机构局域网与市、县两级平台对接，打通全民健康信息平台与市医学影像云平台、心电云平台等各类医疗卫生信息平台之间的端口，联通全民健康信息平台与全市各级各类医疗卫生机构信息系统，构建标准数据目录，将云端汇聚的各类医疗和公共卫生应用产生的数据资源按照业务进行分类和清洗加工。目前，已建成贯通市、县、乡、村四级医疗卫生机构的全民健康信息体系，在全省率先实现市级区域卫生健康大数据资源的标准化交互共享。

安顺市人民医院自助服务终端

三、挖掘数据价值，实现“五个提升”

依托全民健康信息服务平台，探索医疗健康大数据多场景应用模式，逐步挖掘医疗健康大数据在助医、辅政、惠民、兴业等方面的价值。

一是实现大数据便民利民服务水平提升。基于安顺市全民健康信息平台，依托“黔康码”，开通“安顺健康通”微信公众号，面向居民提供预约挂号、在线缴费、在线问诊、检查检验结果查询、慢病管理、家庭医生签约、健康自测、线上处方、药品配送等智慧医疗健康服务。截至 2023 年年底，全市 21 家二级以上医疗机构可通过公众微信号实现线上挂号、线上缴费，上线科室 648 个，上线排班医生 2803 名，实现线上预约挂号 50601 人次；居民可通过公众号实时查看个人健康档案和医学检验检查报告、影像资料等。

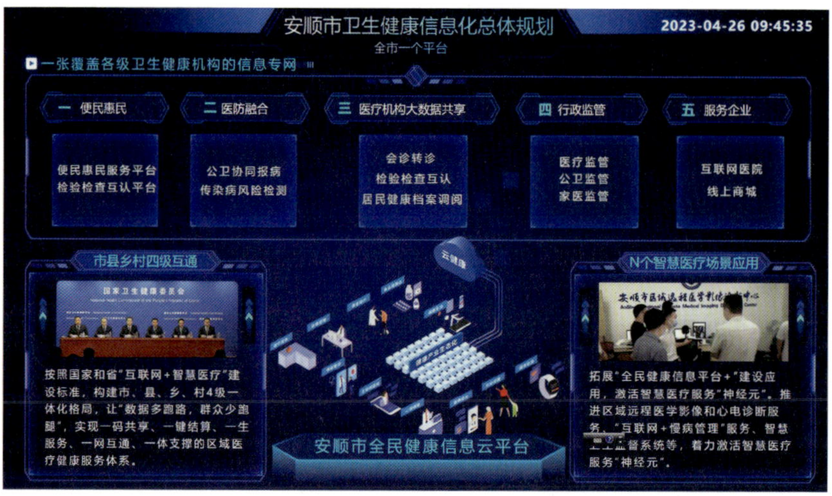

安顺市卫生健康信息化总体规划

二是实现大数据医防融合保障水平提升。依托安顺市全民健康信息平台，将市域内公立医院确诊的高血压、糖尿病患者信息主动推送至公共卫生管理部门，推动家庭医生主动开展签约服务，对患者开展日常随访、上门问诊、指导用药、普及健康生活方式等一体化健康服务，提高慢性病患者的发现、治疗、管理水平。截至 2023 年年底，全市医疗机构门诊（住院）累计推送高血压、糖尿病等诊疗数据 30 余万条至公共卫生管理部门。全市高血压、Ⅱ型糖尿病患者签约率分别达 83.90%、83.19%，基层规范管理服务率分别达 82.84%、82.20%。

三是实现医疗机构大数据互认共享水平提升。基于安顺市全民健康信息平台，搭建安顺市医学检验检查共享互认平台，将全市 21 家二级以上医疗机构及市医学影像云平台、心电云平台接入安顺市检验检查共享互认平台，汇聚形成市域医学检查检验结果大数据库，创新实施“基层检查、上级诊断、统一质控、区域互认”模式，推进影像和心电检查服务同质化，实现区域内所有二级以上公立医疗机构的医学检查检验数据统一汇聚和整合共享。同时，加快推进与省级医学检验检查共享互认平台互联互通。截至 2023 年年底，全市医学检查检验结果共享数据达 83.8 万例，其中检查结果调阅数 3527、互认数 2870，检验结果调阅数 2730、互认数 2131。全市 21 家县级以上公立医院已与省级平台实现互联互通；市级医学影像云平台共接入医疗机构 113 家，累计提供影像云存储服务 385 万人次，远程诊断服务 9.3 万人次；市级心电云平台共接入医疗机构 51 家，累计完成远程诊断 1.2 万人次。

四是实现大数据行政智能监管水平提升。以医疗废物在线监测和生活饮用水在线监测作为切入点，运用大数据分析技术，在全省率先建成市级“智慧卫监”大数据监管平台，为卫生健康监督执法提供数据基础，有效破除监管对象多、执法人员少的矛盾，推进医疗卫生行业治理能力现代化、信息化，提升卫生健康领域监管效能。目前，全市共有 43 家医疗机构的医疗废物数据集成到平台，实现对医疗废物产生、收集、运输、入库、暂存、出库等情况的 24 小时在线监测。

安顺市医学影像大数据标准库及分类库建设研讨会

五是实现大数据服务企业发展水平提升。以安顺市智慧健康公司作为主体，按照市场化运作模式，吸引金融机构、医药公司、体检机构、护理机构等第三方机构，直接入驻或组建 SPV 公司入驻全民健康信息平台，开展医疗健康服务，持续拓展“互联网 + 医疗健康”服务新模式新业态，加快形成医疗、医养、服务、数据、科研、药品电商等六位一体的“安顺模式”。目前，安顺市已成功引入安顺市医投科技服务有限公司、安顺市大健康医药产业运营有限公司、连锁药店、健康护理等企业入驻全民健康信息平台，提供各类医疗健康服务。

毕节市探索农村产权制度改革促进农民增收试点

中共毕节市委改革办、毕节市农业农村局

近年来，毕节市深入贯彻习近平总书记关于“三农”工作的重要论述，围绕农村宅基地、承包地、林地、集体经营性建设用地、小型水利工程等五个重点，探索开展农村产权制度改革试点，对盘活农村资源资产，拓宽农民增收渠道，具有长远的战略意义及重要的现实意义。

一、高位推动，整合力量，完善改革工作运行机制

一是强化顶层设计。毕节市委、市人民政府谋划出台《毕节市探索农村产权制度改革促进农民增收试点实施方案》等文件，明确改革方向，细化改革措施。二是强化协同推进。分别围绕农村宅基地、承包地、林地、集体经营性建设用地、小型水利工程等五个重点，在七星关区、金沙县稳步推进产权制度改革试点，形成“市级统筹、部门协同、县级主体、试点推进”的工作格局。三是强化跟踪问效。采取召开推进会、调度会等形式，加强工作调度，推动农村产权制度改革试点落地见效。

二、优化配置，集成措施，探索三权分置实现形式

一是摸清底数、明晰产权。全面摸清试点县（区）承包地、宅基地、林地等农村产权情况，为开展农村产权制度改革奠定基础。二是三权分置、激发活力。顺应农民保留承包权（资格权）、流转经营权（使用权）的意愿，鼓励经营主体通过流转发展适度规模经营，促进农村土地资源优化配置，探索农村宅基地由居住功能向生产、经营等多功能转变，增加农民财产性收入。三是双向流动、打破壁垒。健全农村产权流转交易平台，推动农村资源要素市场化配置，激活乡村振兴内生动力。同时，通过产权出租、入股、合作经营等方式带动农户参与发展。

毕节市金沙县西洛街道群立社区盘活利用农户闲置农房打造“西乡季•别院”特色民宿

三、严格条件，规范程序，健全农村资产监管体系

一是严守农村改革底线。坚决守住土地公有制性质不改变、耕地红线不突破、农民利益不受损的底线，尊重群众意愿、遵循市场规律，禁止依靠行政手段强行流转农民土地，禁止强行收回农民承包地搞“反租倒包”，禁止搞不切实际的大规模甚至超大规模经营，防范潜在风险。二是规范土地流转管理。对工商企业等社会资本流转取得土地经营权，纳入行政审批事项，建立健全资格审查、项目审核、流转备案、风险保障金、事中事后监管等制度，对准入和监管作出明确规定，有效防止跑马圈地和借流转之机搞“非农化”的问题。三是强化农村资产监管。充分发挥行业监管、审计监督在农村资源资产监管中的重要作用，健全农村资产监管体系，严格控制集体经营风险，充分保障集体成员的知情权、参与权、监督权，有效防止增加集体债务、防止集体经济变成少数人的“小金库”。

毕节市七星关区林口镇发展规模化烤烟种植

截至目前，试点区域覆盖农民13.2万户，带动农民增收4.87亿元，户均增收3689元，促进试点村集体增收450.9万元，试点工作取得阶段性成果。在承包地方面，试点县（区）已流转承包地55.34万亩，带动农户11.38万户，实现增收3.12亿元。在林地方面，试点县（区）已流转经营林地9.52万亩，带动农户6624户，实现增收530万元。在宅基地方面，试点县（区）已有1979户农户利用闲置宅基地发展民宿、农家乐等产业，实现增收6114.5万元。在农村产权入市方面，七星关区已搭建农商交易平台、产权交易系统，正在试运行。金沙县农村产权交易平台已建成使用，并通过平台成交土地流转项目和集体经营性资产项目145宗，成交金额671.29万元；成交集体经营性建设用地一宗，成交金额1031.3万元，扣除土地增值收益调节金后，实现村集体增收450.9万元。试点县（区）已通过出租、入股农房（宅基地）2149宗，带动农户5600户实现增收7673万元；出租小型水利工程一处，带动34户农户增收18万元。

毕节市七星关区流转农民承包地、林地种植天麻

铜仁市新型城镇化与旅游产业化深度融合改革试点

中共铜仁市委改革办、铜仁市住房城乡建设局、铜仁市文体广电旅游局

2022 年以来，铜仁市聚焦强中心城区战略和生态旅游高质量发展，统筹推进新型城镇化与旅游产业化深度融合，探索建立规划融合、资源融合、市场融合、监管融合、服务融合等城旅融合工作机制，推动中心城区提升品位、完善功能、聚集要素，推动旅游产业可持续发展。中南门历史文化旅游街区入选国家级旅游休闲街区，并成功申创国家 4A 级旅游景区；朱砂古镇入选国家工业旅游示范基地。

一、规划融合，优化城旅空间布局

全面优化城市空间布局，将中心城区和江口县、万山朱砂古镇进行整体打造，统筹国土空间规划、历史文化保护规划、旅游发展规划，引导城市规划设计、城市设施建设、产业布局调整、服务功能配套等更多融入旅游元素，给生态留白，为山水留位。编制《铜仁梵净山—中南门旅游产业聚集区规划》《铜仁市梵净山区域文化旅游发展规划》《铜仁市中心城区老城组团 LC-05、08、09 单元控制性详细规划》。保持历史建筑形态、结构和传统民居风貌，增加市民和游客活动空间、植入红色文化、

突出核心圈，推动形成中南门核心商圈，辐射带动城市健康发展、引领形成全域旅游的良好格局。

铜仁市区鸟瞰图

二、资源融合，优化公共服务功能

以实施城市更新行动为契机，不断完善城市公共基础设施，补齐服务设施短板。改扩建停车场19个、停车位3500个，建成智能公交站台52个、5G基站2787个，实现4A级景区90%以上区域5G信号覆盖，景区网络覆盖率进入全省第一梯队。开展15分钟便民生活圈试点，合理布局购物中心、特色饮食街区、网红打卡地，打造“星座光影秀”“黔东不夜城”“国风集市”等业态，不断满足游客消费需求。“一码游贵州”铜仁专区商户入驻量1216家，订单154208笔，成交额1611.2万元。突出城在景中、景在城中，修建江河沿岸运动休闲步道，打造“袖珍绿地公园”“口袋公园”，中心城区绿化覆盖率达43%。

铜仁市中南门古城夜景如梦如幻

三、市场融合，优化城旅产业业态

支持国有企业引入社会资本参与景区运营管理，做大做强旅游骨干企业，完善旅游协会组织，支持小微企业、个体工商户等旅游市场主体抱团经营、联动发展。深化文化旅游供给侧结构性改革，打造科普研学旅游产品，组织承办梵净山马拉松赛、环梵净山公路自行车赛等各类 IP 赛事 100 余场，参与者 20 万余人；马拉松智慧赛道被纳入全国典型智慧健身步道项目。打造传统村落、历史文化名镇名村、民宿集群，培育朱砂产业园等省级旅游商品基地，获批文旅基金项目 6 个，金额 11.09 亿元。11 家民宿获评省级示范民宿，两家获评贵州十大特色民宿。

铜仁市中南门“周末非遗秀”现场

铜仁市中南门团结广场“露天电影大家看”现场

四、监管融合，优化城镇综合治理

设立中南门历史文化旅游区保护管理机构，理顺市区两级、部门间监管事权，加强联合执法，形成齐抓共管的良好局面。搭建铜仁市公共数据综合服务平台，推动人、车、物、事等全要素全过程实时管理，提升环卫、照明、违章执法、园林绿化及公共交通等城市管理的智慧化应用改造。积极推动《铜仁市锦江流域保护条例》《铜仁古城保护条例》宣传和实施，建立失信企业协同监管和联合惩戒机制，有效净化文旅市场环境。

五、服务融合，优化发展要素保障

健全城旅融合发展用地保障机制，优先安排城旅融合项目用地计划指标，并支持利用集体经营性建设用地入市的方式保障文旅项目建设用地。2022 年以来，全市出让旅游产业发展用地 29 宗，面积 59.91 公顷。健全城旅融合发展投融资机制，以推动城旅融合为导向，优化调整“十四五”新型城镇化项目库，谋划城旅融合项目 347 个，总投资 1226.74 亿元。健全城旅融合人才培养机制，组建城旅融合发展专家咨询库，引进一批景区规划、酒店管理等方面的紧缺高端人才和管理团队。充分利用铜仁学院、铜仁职院、铜仁市旅游学校等教育资源，培养本土专业人才。

黔东南苗族侗族自治州全面深化农村公路管理养护体制改革试点

贵州省公路局、中共黔东南州委改革办、黔东南州交通运输局

一、试点背景及内容

根据交通运输部、财政部《关于组织开展深化农村公路管理养护体制改革试点工作的通知》（交公路函〔2020〕686号）文件精神，结合《中共贵州省委改革办关于开展“一市一示范”和“一县一试点”改革实施方案》要求，经州委深改委推选、省委深改委审定，黔东南苗族侗族自治州“全面深化农村公路管理养护体制改革试点”成功纳入2022年“一市一示范”重点改革事项，制定了《黔东南州全面深化农村公路管理养护体制改革试点实施方案》，主要围绕“路长制”、创新养护生产模式、美丽农村路、资金保障、政府考核等五个主题开展试点工作。

二、试点创新举措

一是创新管理手段。全面推行“路长制”并在贵州省“四好农村路”综合管理系统中拓展开发“路长制”信息管理平台，实现信息化管理。按领导小组统抓、三级路长主抓、路长办专抓的原则，结合“四好农村路，

路长大巡查”“5.26 爱路护路日”等主题活动，开展路长大巡查活动。

二是创新管护模式。推进农村公路养护市场化改革，对全州 3.65 万公里农村公路养护工程进行打捆招标，引进专业养护企业承接全州农村公路养护，推动农村公路养护由传统粗放式向市场化、专业化、规范化转变；探索将农村公路灾毁纳入社会商业保险，以有效调动和整合社会资源参与农村公路灾毁恢复，提升农村公路应急保障能力；开发农村公路养护公共服务类岗位，吸收沿线低收入群众参与养护；探索创新“政府 + 企业”的农村公路管养新模式，实现农村公路共治共享融合发展。

三是强化资金保障。按每年县道 1 万元、乡道 0.5 万元、村道 0.3 万元、通组公路 0.15 万元的标准落实日常养护资金，省、州、县按照 5:2:3 的比例筹集定金，建立健全资金保障长效机制。

四是赋能美丽乡村。推进“四好农村路”示范创建和美丽农村路建设，结合美丽乡村建设、农村人居环境综合整治，将自然生态、风土人情、传统文化、红色文化等元素融入农村公路规划、设计及建设，通过精细化管理，实现项目建设精致、效果精美，与公路沿线乡村风貌、田园风光、产业园区等充分融合，凸显示范带动效应，增强服务乡村振兴能力。

五是强化考核运用。建立完善县级农村公路绩效管理考核机制，重点考核运行机制、资金保障、管养水平、建设成效、服务效益等内容。州级和各县（市）围绕农村公路管理养护工作切实加强对下级人民政府和相关部门的检查和考核。同时，将考核结果作为下年度农村公路建设养护资金计划安排的重要考量因素，建立“奖优罚劣”的激励约束机制。

三、试点主要成效

一是"路长制"全面推行。州、县（市）两级出台"路长制"工作方案，建立完善农村公路"路长制"工作机制，全州共落实路长3939名，实现县、乡、村三级路长全覆盖，并组织开展多形式的巡路、爱路、护路活动。截至2023年年底，各级路长已通过信息化手段开展公路巡查2万次，发现、交办和处置问题1440余个。

二是养护机制建立健全。推动农村公路养护市场化改革，开发就业岗位4916个，实现群众就近就业与农村公路管护增效"双赢"，《黔东南州深化农村公路管理养护体制改革》获《贵州改革工作动态》（2023年第12期）采用推广。推行公路灾毁保险制度，剑河县"农村公路灾毁保险"被列入交通强国专项试点；主要服务于旅游景区、产业园区的农村公路共180余千米划给受益企业进行代养、共养，推动农村公路共治共享融合发展。

三是公路产业融合发展。实现"四好农村路"省级示范县全覆盖，黎平、榕江创建"四好农村路"全国示范县，完成美丽农村路创建6000千米，中国乡村旅游1号公路——侗乡旅游环线入选全省"十大最美农村路"，同时被交通运输部、文化和旅游部等六部委评选为全国"第一批交通运输与旅游融合发展典型案例"。

中国乡村旅游 1 号公路——黔东南苗族侗族自治州侗乡传统村落精品旅游环线启动仪式

四是资金投入保障到位。按照省、州、县三级 5:2:3 的比例筹集资金，纳入一般公共财政预算。2023 年，州级资金应到位 3683 万元，实际到位 3683 万元，到位率达 100%；县级资金应到位 5529 万元，实际到位 7471 万元，到位率达 135%。整合水务、林业等部门资源，借助“交通修路、水务修沟”，无偿提供苗木用于绿化美化及路域环境整治等方法，进一步降低农村公路建设和养护成本。建立“五抓五促”农村公路管理养护资金长效保障机制，被交通运输部评为“2023 年度全国农村公路建设和养护资金长效保障机制典型案例”。

五是养护管理监督有力。将农村公路管理养护纳入州对县、县对乡的绩效考核，加大监督检查力度，全州农村公路 PQI 优良中等路率由 2020 年底的 75% 上升至 2023 年底的 85%，有效提升农村公路养护管理水平。

美丽农村公路——榕江县 S316（红军山段）改造前

美丽农村公路——榕江县 S316（红军山段）改造后

黔西南布依族苗族自治州党建“六项行动”赋能城市社区治理改革试点

中共黔西南州委改革办、中共黔西南州委组织部

依托“黔进先锋·贵在行动”总载体，黔西南布依族苗族自治州构建“1+8+2”党建制度体系，实施改革赋能、网格赋能、队伍赋能、红色物业赋能、阵地赋能、制度赋能等六项行动，不断提升党建引领城市社区治理效能。

黔西南布依族苗族自治州普安县召开网格化服务管理“多网合一”专题部署会

一、实施“改革赋能”行动，建强“治理主轴”

深化街道管理体制改革，赋予街道人事建议权、规划参与权、综合管理权、重大决策建议权和重大项目建议权等五项职权，推动全州 43 个

街道单独设立党建办和党务政务服务中心全覆盖。延伸改革触角，依法依规制定社区主体责任、协助事务、负面事项三张清单，明确主体责任52项、协助事务27项，实现“权随责走”“费随事转”，促进街道机构设置更加合理、管理服务更加高效。

二、实施“网格赋能”行动，激活“治理末梢”

科学整合城市社区党建、综治等“多网合一”综合网格1360个，全部统一编码、纳入州级备案管理。坚持网格“塑形”、党建“铸魂”，建立网格党支部194个、党小组1279个，推动成立道路货运、商会等八类行业综合党委和商务楼宇、商圈市场等专属网格党小组173个。深化“党小组+网格员+联户长”铁三角治理机制，全面建立“街道、社区、网格、联户党员”党组织四级联动体系，健全信息收集、问题发现、任务分办、协同处置、结果反馈工作流程，推动网格治理有序、高效运行。

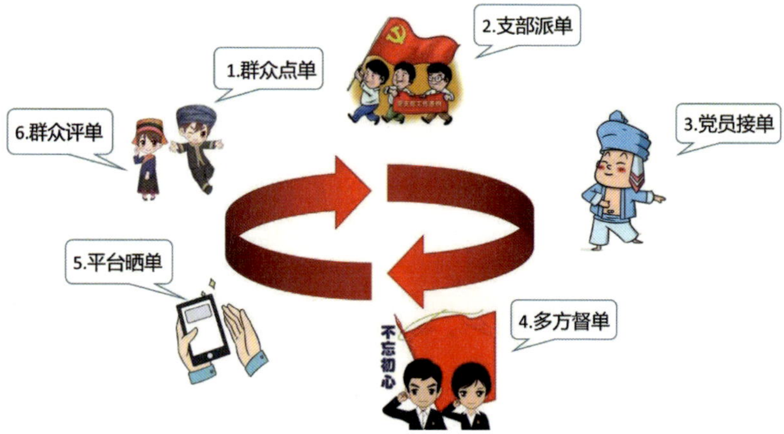

黔西南布依族苗族自治州望谟县蟠桃街道“六单一体”流程图

三、实施“队伍赋能”行动，夯实“治理支撑”

推进社区工作者职业体系规范化建设，通过首次认定、选聘等方式，配备社区工作者1737名。实施“双培养双提升”行动，鼓励支持在职干部参加学历提升和职业资格认定，推行试岗跟岗锻炼和“导师帮带”机制，培养储备年轻干部。深化“网格吹哨、党员报到”工作机制，推动1151个州、县机关企事业单位党组织与社区党组织结对，2.75万名在职党员到社区报到。抓好平急结合转化，以县为单位，组建100人左右的在职党员志愿服务队伍，常态化参与网格内重要事项共商共治。2023年，全州组织在职党员开展志愿服务6000余人次，解决问题2000余个。

四、实施“红色物业赋能”行动，增强“治理动能”

以党的组织工作有效覆盖带动物业企业参与小区治理，推动成立州县房地产物业行业党委9个、物业企业党组织14个、业委会党组织16个，向暂不具备组建条件的物业企业选派党建指导员102名。建立社区物业党建联建联动联考机制，试点打造街道、社区、物业公司三方联动的“红色物业联盟”，推动社区治理与物业服务有机结合、同频共振。贞丰县丰茂街道珉城社区探索聚焦一个核心，联建社区治理服务“中枢”，突出街道、社区、物业三方共治，疏通社区治理服务“堵点”，共享N方资源，凸显社区治理服务“亮点”的“1+3+N”模式，促进社区物业与社区治理有机融合等经验做法被列为全国先进典型社区经验做法。

五、实施“阵地赋能”行动，打通“治理梗阻”

围绕构建便民“15 分钟服务圈”，全覆盖建立社区党群服务中心 178 个，试点打造 123 个小区网格党群服务驿站，并以县为单位，统一规范党群服务中心场所标识、服务内容、办事流程、管理制度等，统筹推动各类服务窗口下移，有效实行“一站式服务”“一门式办理”。充分发挥“智慧金州”、贵州省综治信息平台和“135 平安风险感知平台”等作用，智能化采集网格管理服务相关信息，定期动态完善社区居民户籍、房屋、工作等信息，提升城市社区智慧化治理效能。

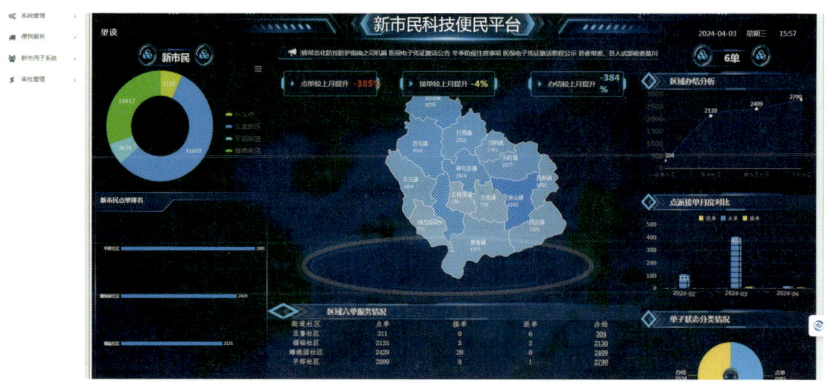

黔西南布依族苗族自治州望谟县蟠桃街道“六单一体”系统截图

六、实施“制度赋能”行动，释放“治理效能”

建立党建引领基层治理的领导协调机制，优化州、县、街道、社区四级联动机制，落实城市基层党建联席会议制度，定期加强工作调度、督导指导，上下联动共同解决治理难题。建立州委常委城市基层党建联系点制度，制定 14 项联系指导工作清单，带动 606 名党员领导干部挂点联系街道、社区和网格。健全易地扶贫搬迁后续扶持党建联动工作机制，提升服务质量，涌现出兴义市创建“五型社区”探索易地扶贫搬迁社区治理新路径、兴仁市“五小五大”助力新市民筑梦新生活等鲜活经验。

黔西南布依族苗族自治州册亨县高洛街道易地扶贫搬迁安置点开展“绣党旗、感党恩”活动

云岩区智慧政务便民服务圈建设改革试点

中共云岩区委改革办、云岩区政务服务中心

2023年以来，贵阳市云岩区立足辖区企业群众所需所盼，扎实开展智慧政务便民服务圈建设改革试点工作，依托贵州省一体化政务服务平台，充分运用互联网技术和信息化手段，从硬件配置、系统升级、流程优化、机制联动、人员培训、质效评估等方面进行创新，积极探索“政务服务 + 社区物业”“政务服务 + 楼宇”等新模式，推动政务服务进一步下沉延伸，竭力构建区、街道（镇）、试点社区（村）三级智慧政务便民服务网络。

一、聚焦“在哪办”，拓展服务场所

一是建设标准化政务服务站点。推行“党务 + 政务”融合发展模式，建成标准化规范化便民服务中心（站）35个，延伸推进“一窗通办”改革，新增综合受理窗口75个。二是打造楼宇“微政务服务站”。围绕楼宇企业需求，整合资源在中建大厦、东懋中心打造微政务服务站，提供企业开办、医保、社保、公积金等“一站式”服务。三是设立“红色物业微政务服务窗口”。选取保利云山、警苑小区作为试点，在物业服务中心设立服务专窗，将水电过户、住房公积金提取等高频事项前移至群众“家门口”进行办理。

二、聚焦“办什么”，丰富服务供给

一是梳理标准化事项清单。根据省级政务服务事项标准化清单，结合实际办理职权，编制形成辖区政务服务“一张表”，并动态更新。二是明确“自助办”清单。依托智能自助服务设备，将证照自助打印、高频证明自助开具、便民查询等274个事项下沉到群众身边办理。三是推出“帮代办”清单。推出企业帮代办事项14项，群众帮代办事项54项，同时鼓励各中心（站）推出综合受理帮办、陪同办、上门代办等特色服务。

云岩区企业服务专员使用移动平板提供“送政策上门”服务

三、聚焦“怎么办”，强化服务支撑

一是完善智慧硬件设施。在区政务服务大厅新增自助服务终端1台，为试点中心（站）配置智能服务终端35套，解决一线普遍缺乏便捷化、智慧化服务设施和应用场景的问题。二是升级“掌上办”微平台。完善“云岩区政务服务”微信小程序功能模块，新增企业之家、微政务站、云座席、“一件事一次办”等服务，提升网办效率。三是打造线上“总客服”。依托移动平板，建设“无窗口”智能导办系统，提供问题搜索、办事指引、政策查询、办件查询、无纸取号、线上咨询等服务。

云岩区升级微信小程序，为企业群众提供“掌上办”服务

四、聚焦“高效办”，优化服务运行

一是深化“一件事一次办”改革。深入推进多个事项“一次告知、一表申请、一套材料、一窗受理、一网办理”，设立“一次办”专窗两个，推出“一件事一次办”集成套餐 15 个。二是精简办事材料。健全证照共享协同互认机制，入库证照 164 类、4700 余个，实现 698 个事项证明材料免提交，88 项事项“零材料”办理。三是突破薄弱环节。协请省政务服务中心建成辖区大数据分析展示系统，集中呈现办件数据、办件渠道、评价反馈等关键信息，辅助溯源查找薄弱环节，为提升整体政务服务效能提供决策参考。

五、聚焦“谁来办”，建强服务队伍

一是优选。选派在编干部、“两委”干部、驻村干部或业务骨干为政务服务人员；采取政务服务专员驻点轮值、物业管家和企业志愿者辅助参与等方式，解决各类微政务服务站点（窗口）人员不足的问题。二是培强。建立政务服务人员分级分类培训制度，开展专题业务培训 6 期，7 人获得国家行政办事员职业技能等级证书。三是严管。探索建立“管评分离”制度，并完善 AB 岗工作制、首问责任制、一次性告知制、限时办结制等机制，确保窗口不空岗、服务不断档。

云岩区文明引导员指导群众自助办理公积金业务

通过改革，辖区街道（镇）及以下可办事项较试点前增加 5 倍，其中社区（村）一级可办事项增加 10 倍，办理时限整体压缩 80% 以上，基本形成“15 分钟政务服务圈”，获得群众广泛好评。云岩区 2023 年营商环境“政务服务”指标评价结果位列全省 I 类县（市、区）第 3 名；智慧政务便民服务圈建设改革试点入选“2023 年度贵州省优秀改革试点”。

花溪区文商旅融合示范推进城市更新试点

中共花溪区委改革办、贵阳市花溪文化旅游创新区管委会

一、试点背景及内容

花溪老城区建于二十世纪八九十年代，受地形狭窄、设计滞后、管理低效等因素限制，老城区功能和形象在二十世纪末日趋落后，以十字街为代表的老旧小区逐渐变为“城中村”，拉低了城市形象，为破解城镇化发展困局，花溪区立足全域文化旅游创新区发展定位，结合辖区文化底蕴深厚、旅游产业前景广阔、青年学生群体聚集等特点，以十字街区域为试点，积极探索新型城镇化路径。依托“15 分钟生活圈”，创新文化、商业、旅游融合发展机制，提升城市品质、产业形态、文旅内涵、消费水平和治理效能，打造文商旅融合特色街区，增强人民群众获得感、幸福感、安全感。

二、试点创新举措

一是规划引领，更新街区功能品质。坚持以文塑旅、以旅彰文，推进文旅规划与城镇化发展格局相衔接，把历史文化元素融入全域旅游和

城市更新相关领域，将北部游客集中区域打造成为“旅居融合示范区”，将南部居住集中区域打造成为“高品质三感居住区”，彰显城市文化底蕴，塑造城市特色风貌，促进传统文化与现代文明相融合。

二是整合资产，推动街区稳定运营。通过购买、返租等方式，整合十字街区域闲置国有资产，采取收取固定租金、固定租金＋弹性利润分成等模式获得投资回报。同时，整合民营商业资源打包招商，面向社会出租特色摊位、天桥广告、社区广场等公共设施，为项目建设融资偿债提供可靠来源。

三是激活消费，繁荣街区商圈产业。重新规划布局十字街区域内1000余家分散商业店面，提升改造一批老字号品牌示范店，打造一批“花溪味道”旗舰店、标准店和创业店，培育一批创新能力强、品牌知名度高的餐饮龙头企业，形成各具特色的消费场景，构建“一业带动、多业融合、联动发展”产业格局。

四是优化治理，提升街区服务水平。建好用好社区党群服务中心，围绕吃、住、行、游、购、娱等设置游客服务中心，为游客提供“一站式”服务。成立招商专班和商会，建立“一站式”帮办代办机制，组织银企合作上门服务市场主体。成立综合服务管理部，建立“物管＋商管＋城管”街区管理模式，形成分工明确、协同治理、共同发力的长效治理机制。

花溪区十字街道路

三、试点主要成效

一是创新以文塑旅机制，旅游能级大幅度提升。策划并举办“溪山春兴”等沉浸式体验活动，每周组织一次主题营销活动吸引游客，实施十字街等9条特色背街小巷文创项目。2023年十字街营业额突破9.5亿元，同比增长82%；总客流量突破955万人次，同比增长78%；同时荣获“青年友好型街区”称号，成功入选贵州省第四批夜间文化和旅游消费集聚区，被确定为第三批省级旅游休闲街区。

二是创新以旅彰文机制，文化内涵大幅度提升。将花溪特色文化引入十字街区域，创新发展剧本娱乐行业全产业链，建成贵州第一家沉浸式演艺剧场。开展“花溪公园河畔音乐会”“花九锡落日集市”等主题活动，吸引贵州大学、贵州民族大学等多所高校师生参与，累计举办音乐会36场，为十字街及周边区域引流16.5万人次。

三是创新以旅兴商机制，商圈业态大幅度提升。开设十字街微信、小红书、抖音官号，开展街区主题营销。引入贵阳市剧本娱乐行业协会，打造全国首个剧本娱乐产业园。引入MOST潮玩集合店等代表性品牌、高端餐饮品牌，推出中高端餐厅。花溪区积极申报十字街贵州老字号和贵阳老字号品牌，并将贵州飞碗餐饮有限责任公司上限入统。

四是创新联动治理机制，服务水平大幅度提升。建立以十字街综合管理服务部为核心，以区综合行政执法局、区公安分局、区交管分局、属地街道办、物管公司为支撑，相关部门参与的“1+5+N”联动治理机制。以“一中心一张网十联户”为载体开展“街道+社区+网格”联动治理，打通社区治理“神经末梢”，全面提升街区自治水平。

花溪区十字街新型城镇化暨“三改”示范项目展示

花溪区文商旅融合示范推进城市更新试点十字街工作举措

白云区探索建立“1+2+N”普惠多元运行机制 打造幼有善育 15 分钟服务圈

中共白云区委改革办、白云区卫生健康局、贵州宇康投资发展有限公司

一、试点背景及内容

目前，家庭内部婴幼儿照顾资源日益捉襟见肘，缺乏婴幼儿照料的社会支持已经成为影响家庭生育和再生育的重要因素。“十四五”公共服务规划将每千人口拥有 3 岁以下婴幼儿托位数 4.5 个纳入经济社会发展主要指标。通过调研发现，截至 2022 年年底白云区可提供婴幼儿照护服务的机构仅 28 家，可提供托位仅 1627 个，每千人托位数仅 3.5 个，服务供给与实际需求不匹配。因此，白云区聚焦婴幼儿照护“小切口”，以“质量有保障、管理有标准、安全有依托、普惠有支撑、服务有机制”为“五有”标准，建设一个区级示范托育机构，提供城市、社区两个层面的“托育服务”。探索拓展普惠运营、多元合作、综合保障等方面 N 项服务，形成“1+2+N”运行机制，打造“幼有善育”15 分钟服务圈，推进婴幼儿照护服务发展。

二、试点创新举措

一是推进“质量有保障”。围绕托育机构设置建设、管理运营、食品安全、安全应急、卫生保障等方面，实行托育机构动态分类管理。

2023 年白云区托育机构分布情况图

二是实施“管理有标准”。出台《白云区托育服务机构信用评价监管机制（试行）》《托育机构质量综合评估制度》等，规范托育服务标准，简化优化托育备案流程。

三是落实“安全有依托”。强化部门合力监管安全，各相关部门开展联合执法，严防安全事故的发生。落实托育队伍准入安全，对托育机构从业人员有无“犯罪记录”和“有无精神病史”进行核验。引入保险机制托底托育机构运营安全，人保白云支公司推出“托幼安心”托育机构责任险，提高婴幼儿家庭、托育机构风险防范能力。

四是保障“普惠有支撑”。普惠支持机构运营，梳理用电、用水、税务、落实住房保障等普惠托育服务政策清单。普惠支持家庭减负，全面落实育儿假等政策，向有再就业需求的父母提供免费就业指导和职业技能培训。探索公益性服务，针对事实无人抚养婴幼儿、孤儿、残疾婴幼儿等特殊困难人群，托育机构为其预留托位，并在托费上予以一定的减免，拓展残疾儿童的康复救助。

五是开展“服务有机制”。出台《白云区托育服务工作联席会议制度》，定期研究解决涉及托育服务的重要事项和重大问题。强化服务群众，完善公共场所母婴设施设置，强化服务家庭，将0～3岁婴幼儿科学照护相关理念和科学育儿知识纳入社区家长学校学习内容，传播科学育儿理念。

白云区组织婴幼儿家庭开展家育共建活动

三、试点主要成效

自试点实施以来，白云区托位数从2023年年初的1627个增至2113个，托位提升率29.87%，托位使用率提升13.6%（其中区级示范机构的托位使用率达70.4%，街道达78.82%），每千人口拥有3岁以下婴幼儿托位数从3.5个提升至4.43个。试点出台了《白云区托育机构微标准》《白云区托育机构0～3岁婴幼儿照护健康管理工作规范（试行）》《白云区托育服务机构信用评价监管机制》等19个规范性文件，并形成一套标准化课程体系，即白云睦米托育早教中心托育服务特色课程体系（根据0～3岁不同月龄，开展语言、健康、艺术、社会与情感、自然、科学与探索六大课程体系）。同时，加强托育服务各项普惠政策的宣传解读力度，发挥新闻媒体、行业组织、产业园区等作用，扩大政策宣传覆盖面和知晓度。

清镇市盘活农村闲置宅基地和闲置住宅改革试点

中共清镇市委改革办、清镇市农业农村局

清镇市紧紧抓住省级“一县一试点”改革契机，围绕农村闲置宅基地和闲置住宅资源，探索建立农村土地节约集约高效利用改革机制，引入社会资本投入农业农村产业发展建设，盘活利用农村闲置宅基地 2.2 万平方米，带动产业投资 6.67 亿元，有效推进农业多元化、农村宜居化、农民职业化，为乡村振兴提供强劲内生动力。

一、聚焦“三要素”，夯实盘活基础

一是摸清全域底数。建立工作员、调查员、审核员三层审查机制，运用“宅基地信息录入系统”，组织村干部、返乡大学生、乡村能人 2000 余人次，对全市农村闲置宅基地和闲置住宅开展摸底调查。目前，全市宅基地 10.21 万宗，总面积 3.18 万亩，闲置宅基地约 1.94 万宗，闲置住宅 2670 栋，占地面积 40.62 万平方米。

二是精选盘活地域资源。充分研判全市各村自然资源禀赋、区位条件、产业优势、闲置资源等要素，紧盯打造乡村休闲度假旅游胜地，以红枫湖镇大冲村和站街镇杉树村为核心区先行先试，争取上级项目资金

200 万元建设农村产权交易中心，创新财政资金改革试点引导财政投入1100 万元，撬动社会资本 5000 万元，成功打造里查里诺、知林居、引舍·故里、古埃蒙等多个知名民宿品牌。

三是强化推广示范。在对全市范围开展综合考察的基础上，先后引进蒙安·夕舍、星河碧波等运营公司，进一步选取红枫湖镇右二村、站街镇小河村、新店镇鸭池河村等 11 个“基础条件好、资源禀赋优、村干部积极性高、组织力量强”的村作为辐射推广示范区域，逐步推开试点工作。

清镇市委改革办会同市农业农村局赴红枫湖镇调研

二、聚焦“三引领”，突出盘活指向

一是顶层设计引领。出台《清镇市盘活农村闲置宅基地和闲置住宅改革试点工作方案》，组建“一县一试点”工作专班和盘活利用工作组，采取整体盘活和零散盘活、刚需盘活和经营性盘活相结合的原则，守住权益红线、耕地红线、生态红线，推进宅基地所有权、资格权和使用权

"三权分置"改革，培育盘活利用主体，进一步降低农房空置率。

二是统筹规划引领。按照"多规合一"要求，将试点项目规划与红枫中国农业公园规划、特色田园乡村·乡村振兴集成示范试点规划、500亩坝区规划、村庄规划等有机结合，在符合规划前提下，村集体经济组织采取统规统建、统规自建等方式，将腾退出的宅基地转变为集体经营性建设用地，用于发展农林文旅康养项目，农户和村集体按约定获取收益。

三是突出政策引领。围绕农村闲置宅基地和闲置住宅改革中的建筑面积、消防安全、生态保护、资源招商等要素，出台《清镇市推进民宿产业发展工作方案》《清镇市农村宅基地管理细则（试行）》《清镇市农村宅基地使用权流转管理细则（试行）》《清镇市农村集体经济组织成员宅基地资格权管理细则（试行）》等指导性文件，有序推进试点开展。

三、聚焦"三模式"，凸显盘活成效

一是建立"1+3"模式。建立党组织引导，村集体经济组织、企业（社会资本）、农户合作共建的"1+3"模式，在红枫湖镇引进产业投资3.5亿元，租赁红枫湖镇大冲村下寨组20余户居民20余栋农房发展民宿和乡村农家乐，形成了企业盈利、村集体经济不断壮大、农民持续增收的良好局面。

二是建立"1+1+N"模式。建立"集体股份经济合作社＋公司＋各盘活主体"的"1+1+N"模式，在站街镇杉树村盘活20栋民宿（农家乐）房间142间，农房面积5100平方米，总投资金额2975万元，带动就业91人。

三是建立利益联结机制。探索建立“农户+公司+村集体”多元化利益联结机制。例如，在新店镇中坝村建立了农户用房屋入股占60%，公司运营占30%，村集体统一管理占10%的“631”利益分配机制；在红枫湖镇大冲村建立了“企业+农户”占经营收入80%，村集体占经营收入10%，通过运营服务考核反哺农户占经营收入10%的“811”利益联结机制。目前，该村村级集体经济增收50万元，户均增收6.4万元。

清镇市红枫湖镇盘活闲置住房打造精品民宿

修文县职业农民承包经营土地“三分一保”模式试点

中共修文县委改革办、修文县农业农村局

一、试点背景及内容

修文县从前期农村土地流转和适度规模经营的实际出发，以规模经营下的突出问题为导向，抓住农业生产田间管理精细化这个关键环节，以“一县一试点”改革为契机，以处理好农民和土地关系为主线，围绕农业生产“分类管理、分组承包、分期经营、定价保底”重点环节探索实施经营新模式，构建现代农业生产经营体系，助力农民增收。

二、试点改革目标

在坚持农村土地农民集体所有、农户家庭承包经营的前提下，引入龙头企业、村集体经济组织、合作社等新型农业经营主体，通过实施“三分一保”模式，切实破解乡村产业低质低效、企业成本居高不下、农民多劳不多得之困，促进企业减少管理成本、提高产量、增加收益。通过增强农民主人翁意识、提高工作效率、增加收入，探索一条农业企业、职业农民共赢的产业发展之路。

三、试点创新举措

一是分级明确职责，创新经营格局。建立县乡管统筹、村里管推进、农民管生产的试点工作推进机制，构建上下贯通、左右联动、密切配合的试点工作格局。二是分层流转土地，明确经营主体。建立龙头企业集中流转土地、家庭农场分片承包土地的责任协同机制，龙头企业集中流转资源资产，建设生产基地提升生产条件；村集体经济组织居中协调，再分片承包给家庭农场开展适度规模经营。三是分期承包劳务，优化经营方式。建立短期、中期、长期等多种劳务承包形式，遵循农业生产自然规律，根据农作物生产周期差异，优化土地承包经营时限。四是保底定价稳收，实现经营效益。建立完善土地流转、农产品产销衔接、工资保底等机制，通过定土地租价、定产品售价、定劳务基价，稳定土地流转收入、提升产品收入、确保劳务收入，助农实现稳收、创收、保收。

四、试点主要成效

（一）初步打造家庭农场聚集区

依托“土地返包”家庭农场培育模式，2023年修文县新增家庭农场64家，其中，参与“三分一保”改革探索的有16家，初步形成了家庭农场聚集发展示范区，探索出了培育发展家庭农场的新方式，整体提升了家庭农场发展水平，持续巩固“贵州省家庭农场示范县”的创建成果。

（二）初步探索种植业“大企业+小农场”双层经营方式

依托“土地返包”家庭农场培育模式，在种植业中探索以中大型企业为龙头、园区基地为纽带、家庭农场为耕作单位的统分发展模式，形成农业龙头企业和家庭农场之间利益共享、风险共担的利益联结机制。

修文县六屯镇大木村韭黄基地

（三）拓宽土地“三权分置”的实现形式

通过探索“土地集中流转＋企业打造基础设施＋家庭农场管理”的方式，推行标准生产、质量追溯和品牌营销，初步探索解决“地谁来种”“怎么种好”的问题，有效提升了农业生产规模化、集约化、标准化、商品化的经营效果。

修文县谷堡镇平滩村猕猴桃基地

（四）增加了农民收入

修文县在果蔬种植产业累计推广“三分一保”模式14000余亩，在生猪养殖产业推广“三分一保”模式28400头，带动850户参与，农户户均增收1.7万元，人均增收5000元。

修文县谷堡镇折溪村富之源集团带动发展的家庭牧场

湄潭县“一亩一证”茶园经营权流转方式改革试点

中共湄潭县委改革办、湄潭县林业局

近年来，湄潭县创新开展“一亩一证”茶树林经营权流转改革试点试验，探索规范茶园经营权流转管理方式，健全茶产业社会化服务体系，完善利益联结机制的路径方法，促进茶旅融合，实现多方共赢。

一、“化零为整”引领小茶农融入现代茶产业

一是建立集中流转机制。按照“三权分置”原则，建立“农户申请→村级集中→发布信息→组织报名→资格审查→组织交易→公示监督→签订合同→缴纳费用→办理总证→办理分证”的工作流程，明确各个流转环节的责任主体，确保办理流程规范有序。目前，全县15个试点村近5000户茶农将7万多亩茶树林经营权已集中到村级股份经济合作社。

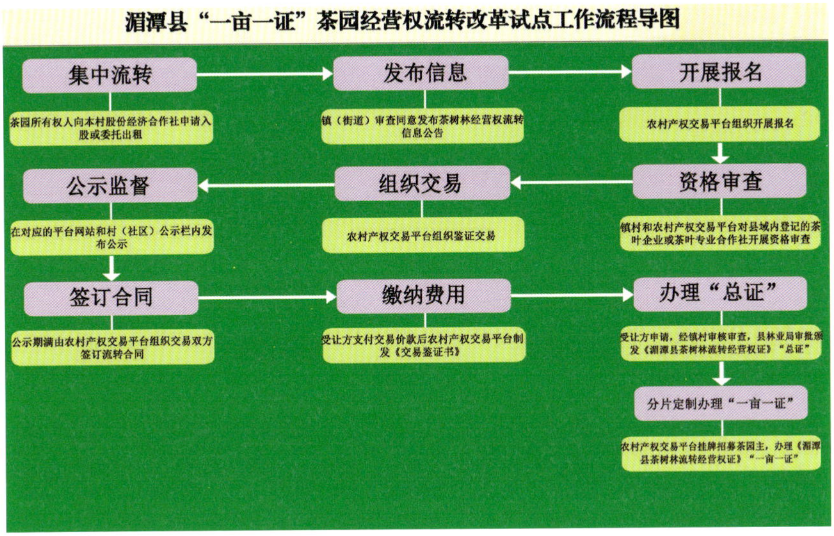

湄潭县“一亩一证”茶园经营权流转方式改革试点工作流程图

二是培育社会化服务组织。充分发挥 15 个镇级农机专业合作社全覆盖优势，组建湄潭茗城茶园管理服务有限公司、湄潭县耘湄农机专业合作联合社等社会化服务组织，通过村级股份经济合作社与专业合作社等社会化服务组织联动，实施茶园改良和标准化规范化管理，开展统一农资购买、统一肥料施用、统一有害生物防治、统一修剪除草等服务。目前，已推动建设欧标茶园面积 8 万亩，巩固有机茶园认证 6.18 万亩，绿色食品茶园认证 0.90 万亩。

湄潭县茶园管理开沟施肥现场培训

三是引入市场经营主体。湄潭县先后引进贵州湄潭兰馨茶业有限公司、贵州二十七度恋茶文化发展有限公司等七家企业，经贵州省农村资源资产权益交易中心交易鉴证，七家企业从村级股份经济合作社流转茶园 5000 亩，依法取得行政主管部门颁发的《湄潭县茶树林流转经营权证》总证，七家企业将获得经营权的茶园连片打造成公园化、标准化、规模化以及在线可视化的现代茶园。

第 15 届贵州茶产业博览会贵州茶叶出口发展论坛“茶园一亩一证”证书颁发仪式

二、“化整为零”引导社会资本投入

一是创新“一亩一证”再流转模式。农户通过委托或入股方式把茶树林经营权集中到村集体经济组织，然后流转给有生产管理、加工销售能力的经营主体。经营主体把集中管理的茶园以亩为单位细分，通过贵州省农村资源资产权益交易中心鉴证，将经营权再流转给有个性化需求的新主体，由行政主管部门根据申请向新主体颁发《湄潭县茶树林流转经营权证》，新主体成为认购茶园主。认购茶园主通过委托管理获得相应的优质产出物。

二是激发社会资本活力。企业通过设计和开发各种个性化需求产品，吸引不同城市的认购茶园主。与认购茶园主达成“一次下单托管、一程旅游分享、分年配送茶叶”的茶园定制托管协议。全县已为申请认购的茶园主办理《湄潭县茶树林流转经营权证》分证 692 本，引入社会资本 8000 余万元。

三是建立必要的“防火墙”。制发《关于进一步规范办理茶树林经营权流转“一亩一证”的通知》，完善了申请主体、生产加工能力、权利义务告知、平台公示、履约担保等机制。建立风险保证金机制，推动经营企业按期履约、规范履约。

三、“零整融合”构建利益联结机制

一是茶农稳定增收。流转茶园每年每亩可以获得 200 ～ 500 元流转费或股权分红；通过社会化服务，农户减少了统防统治的农药、化肥投入200元左右；鲜茶叶单价同比高于市场价每斤0.1～2元不等。综上，茶农每年亩均综合增收900元以上。

二是集体收益明显。通过组织茶园集中流转和招商引资，促进社会资本与集体经济组织实现“联姻”。仅茶园流转一项，村级股份经济合作社每年每亩可获得50～100元的管理费收入。

三是经营企业增效。企业不仅获得稳定优质的鲜叶来源和加工销售的增值收益，还拥有了一批固定的茶叶认购茶园主，公司每年每亩获得认购茶园主提前支付的托管费，缓解了企业融资压力。四是认购茶园主满足个性化需求。茶园主获得“一亩一证”茶树林经营权后，委托企业经营管理，每年每亩可以根据茶园托管合同获得5～15千克不等的高质量茶叶和免费旅游服务，满足认购业主的个性化需求。

水城区片区管理委员会改革助推乡村振兴改革试点

中共水城区委改革办、中共水城区委组织部

近年来，为深入贯彻落实中央关于实施乡村振兴战略的决策部署，加快推进乡村治理体系和治理能力现代化，水城区积极探索、大胆创新、勇于实践，创建村党组织领导下的乡村振兴片区管理委员会（以下简称“片管委”），有效破解了村组干部联系服务群众力量不强、群众参与基层治理积极性不高、乡村发展内生动力不足等问题，让“小组织”释放群众自治“大能量”，通过“小整合”撬动乡村治理“大格局”，增强群众自治能力，有效激发乡村治理活力。

一、构建治理架构

一是优化治理单元。科学确定片区人口容量，优化治理服务半径。将地域面积、人口规模适中的村民小组保留为一个片区；将地域面积、人口规模过小的村民小组合并为一个片区；将地域面积、人口规模过大的村民小组划分为数个片区。每个片区人数保持在 800 ～ 1000 人，破解基层治理单元划分不均衡、不合理的问题。目前，已将全区 2611 个村（居）民小组划分为 646 个片区，并成立“片管委”。

二是优化组织设置。充分发挥党建引领作用，在片区设立党支部或党小组，实行片区党支部书记或党小组组长与“片管委”主任“一肩挑”，目前全区共设立 5 个片区党支部、612 个片区党小组，片区党支部（党小组）广泛动员和组织群众积极参与片区事务，构建党组织领导下的组织协调、议事决策、矛盾化解等基层治理运行机制，乡村治理实现由一名小组长到一个自治组织的转变。

三是优化人员结构。按照“就地选才”与“广聚群贤”相结合的原则，“片管委”委员注重从公道正派、热心公益事业的党员、致富带头人等人员中推选。目前，全区 646 名“片管委”主任中，退休干部占 8%，外出务工返乡能人占 34%，村民小组长占 66%，中专及以上毕业生占 62%，平均年龄 45 岁，有效解决改革前村（居）民小组长年龄偏大、学历较低等问题。

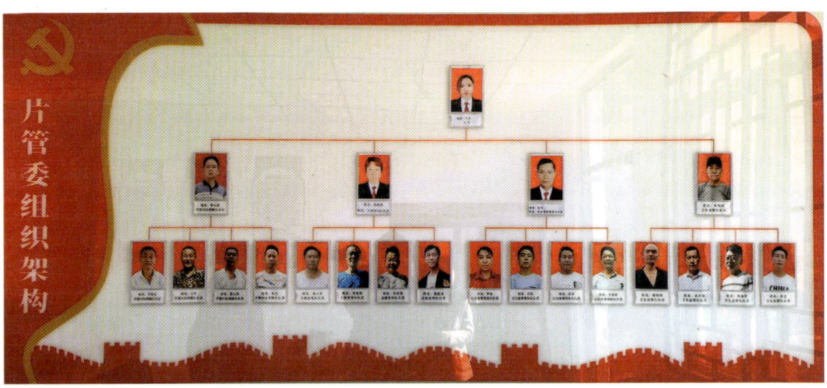

水城区“片管委”组织架构上墙

二、健全治理机制

一是明晰职能职责。“片管委”在村支“两委”的统一领导下，独立承担本片区社会事务和服务管理工作。围绕基础信息采集、村民事务代办、社情民意联络、政策法规宣传、环境卫生监督等方面履行职责，以群众需求为导向，建立便民服务、民生实事、“微心愿”等三张清单，让“片管委”成为信息交流站、民生服务站，打通联系服务群众的“最后一公里”。

二是建立管理机制。出台《村党组织领导下的乡村振兴片区管理委员会管理办法（试行）》，按照“片区问事、协商议事、自治管事”的原则，分类统计和建立片区民生事务、群众需求等台账，适时组织村民代表召开“片管委”会议，将需求事项报村支“两委”研究解决。较改革前，治理服务更加精细，议事协调更加规范。2022 年以来，共召开“片管委”议事协商会议 2600 余次，讨论研究事项 3500 余项，解决问题 6800 余个。

三是强化考核激励。改革前，村（居）民小组长 1000 元 / 月的待遇难以满足家庭日常开销，94.18% 的村（居）民小组长是兼职，推行“片管委”治理模式后，“片管委”主任待遇为 2500 元 / 月，提高了基层治理人员待遇，工作积极性显著提升。将优秀“片管委”委员作为村干部后备力量进行动态储备跟踪培养，有效破解了村干部后备力量选不出、用不成的问题。目前，90% 的“片管委”主任已纳入村级后备干部跟踪培养，89 名“片管委”委员在基层充分实践锻炼后，补充到村干部队伍中。

三、优化治理方式

一是集体会治。“片管委”定期召开工作会议，研究涉及群众切身利益的事项，由“片管委”提议，通过群众会、村民代表会等商讨决定后公开，保障群众的自主管理权、参与权、知情权。每个“片管委”建立微信群，将本片区在外务工经商、在校大学生等吸纳进群，搭建汇集民智民力、收集民情民意、反馈民声民心的“连心桥”。

二是干群联动治。依托“片管委”组建文娱宣传服务队、红白喜事管理队、环境卫生监督队、矛盾纠纷调解队四支队伍，推行群众“点单”办事、片区党支部（党小组）“派单”交办、“片管委”“接单”办理、群众“晒单”评价的四单管理模式，形成信息受理、流转、处置、反馈、评价的闭环式服务体系。目前，全区共组建 2544 余支队伍累计开展志愿服务 1.2 万余次，参与人居环境整治 8300 余次，矛盾纠纷调处 6800 余次。

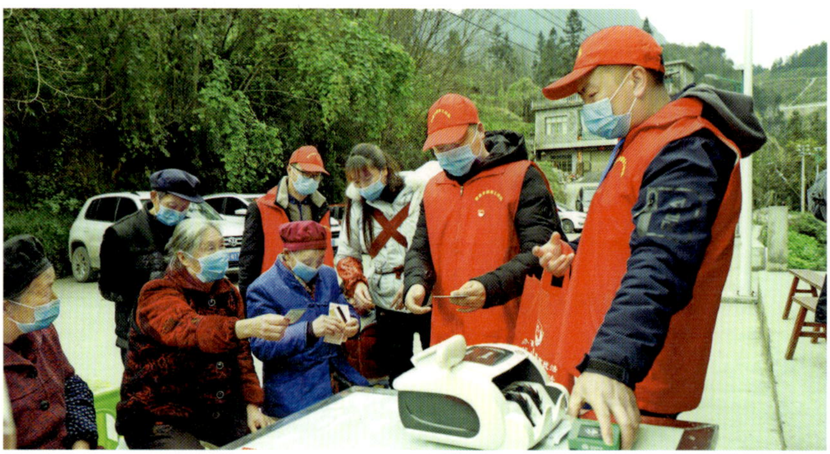

水城区“片管委”成员开展志愿服务工作

三是数字赋能治。推进数字乡村建设，打造“水城守望·智慧乡村”数字化治理平台，整合基层党建、产业布局等基础数据，调度安全生产、产业管护、地灾防治等实时状况，推动乡村治理手段由“管控”向“智控”转变。目前，试点地区已成功监测预警并妥善处置森林火灾68起、地质灾害45起、河流排污64起，有效制止98名群众在危险区域活动，得到了群众的一致认可和好评。

“水城守望·蟠龙先锋”数字化治理平台

四、经验启示

一是党组织下延更有利于服务群众。群众从以前的有事找村（社区），到现在找“片管委”，群众办事更方便；同时把党的组织延伸到农村各个角落，让基层党组织的作用发挥更加凸显。

二是优化网格更有利于提升治理质效。推行“片管委”解决治理网格划分不均衡、不合理的现象，优化资源组合，治理服务半径更加合理，工作效率显著提升。

三是机制健全更有利于长效常治。“片管委”有保障、定职责、有盼头，从待遇保障、职责任务、考核评价等措施进一步细化落实，对上对下联系更为紧密，在乡村治理中更具有长效性和实效性。

水城区“片管委”成员帮助指导群众开展猕猴桃产业管护

钟山区探索信访“访调对接”新机制试点

中共钟山区委改革办、钟山区信访局

近年来，钟山区探索建立“访调对接”工作新机制，将调解与信访深度融合，实现人民调解参与信访矛盾纠纷化解工作常态化、制度化、规范化。全区信访事项及时受理率、按期办结率、群众参评率、群众满意率均达 100%。

一、整合资源，搭建体系

一是搭建顶层领导体系。将“访调对接”化解信访矛盾作为 2023 年的“一县一试点”高位推动，成立以区委书记和区人民政府区长为双组长的“访调对接”试点工作领导小组，统筹协调各项工作。2023 年，召开会议研究访调对接工作 27 次，解决问题 225 个。

二是搭建中层联动体系。制发《钟山区访调对接工作实施方案》，细化工作职责，按照“属地管理、分级负责”“谁主管、谁负责”原则，对群众反映的诉求进行访前调解。同时，区信访局牵头建立联席会议、研判预警、信息互通、跟踪回访、考核奖惩等工作制度，健全访调工作体系。2023 年，共受理各级信访诉求 2117 件，办结率 100%。

三是搭建基层调解体系。坚持“工作重心前移，矛盾源头预防”原则，镇（乡、街道）采取“网格+调解”工作模式，形成以村（居）“两委”干部、人民调解员、网格员为主体，镇（乡、街道）法律顾问、“双报到”人员等参与的基层调解体系。2023年，全区17个镇（乡、街道）共有人民调解员1189名，解决群众诉求2100余件。

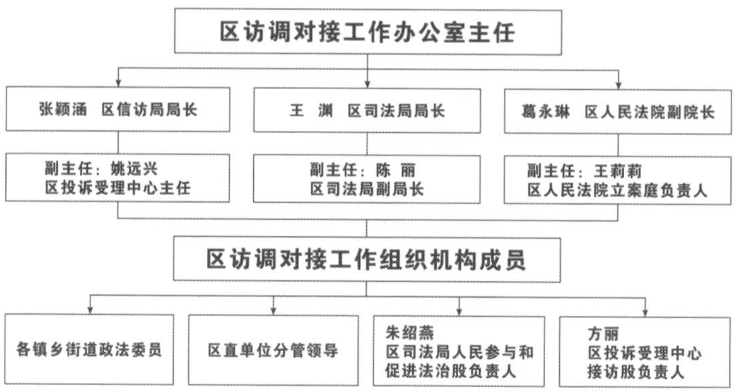

钟山区访调对接工作组织机构图

二、完善机制，增强动能

一是完善分流调解机制。健全访前调解制度，明确五类可纳入调解范围的信访矛盾纠纷，按照“简易矛盾村级调、复杂矛盾镇级处、重大矛盾区级解”原则，由区信访局对矛盾纠纷进行访前分析和甄别，并精准分流为法定途径、行政调解、人民调解、信访受理、不再受理五大类。通过制发交办单将信访事项分流到相关部门、属地政府调处化解。2023年，全区初访量2182件，导入信访渠道1015件，人民调解渠道1154件，法定渠道13件。

二是完善纠纷信息推送机制。依托“一中心一张网十联户”基层治理机制，深入开展矛盾纠纷信息收集排查，并汇总到镇（乡、街道）把关研判，将适宜调解的“简单”信访事项，通过“筛、推、研、调、结”五步流程，精准推送到业务股室或上级主管部门进行化解。2023 年，开展矛盾纠纷排查 3084 次，推送化解矛盾纠纷 2303 件。

三是完善解纷奖补机制。制定《钟山区重大矛盾纠纷调处化解奖励运行机制（试行）》等文件，实行“以案定补”，对人民调解组织成功调解并完善案件卷宗的民事类、资源权属类等纠纷，根据“谁调解补贴谁”原则，按照一般矛盾纠纷每件 200 元、较大矛盾纠纷每件 500 元、重大疑难矛盾纠纷每件 1000 元进行补助。2023 年，化解一般矛盾纠纷 1298 件，较大矛盾纠纷 7 件，重大疑难矛盾纠纷 261 件，兑付奖励资金共 52.41 万元。

三、多元齐调，注重长效

一是打造队伍专职调解。制定《关于钟山区加强专职人民调解员队伍建设实施方案》，从基层组织、“五老”等群体中选聘专职人民调解员，充实人民调解员队伍。同时，按照行业主管部门和镇（乡、街道）不低于两名、村（居）不低于一名的标准配备专职人民调解员，打造一支政治素质好、业务能力强、服务水平高的信访矛盾调解队伍。2023 年，全区共有专职人民调解员 202 名，成功化解矛盾纠纷 1244 件。

二是搭建平台专业调解。针对劳资合同、物业纠纷、社会治安及城乡建设等领域，推动建立行业性、专业性的人民调解组织，打造“一站式调解平台”。整合区级法律专业人员，建立“三官一律一顾问”值班调解制度，通过法律阐释引导当事人依法表达诉求、运用法律手段解决纠纷、维护权益。2023 年，全区设立“一站式”专业性、行业性调解组织 13 个，共化解矛盾纠纷 300 余件。

三是聚焦积案专班调解。聚焦重点信访事项、历史遗留问题，按照“依法调解、分类处置”的原则，整合区级职能部门资源组建信访积案研判专班、攻坚专班，对涉法涉诉信访积案逐案研究、逐一定策，推动化解。通过实地走访、谈心谈话、查阅档案资料等方式，把信访人引导到依法维权的道路上，促成信访人签订人民调解协议。2023 年，专班化解信访积案 168 个，签订息诉罢访书 58 份。

钟山区黄土坡街道派出所调解邻里纠纷

大方县粤黔协作人力资源开发改革试点

中共大方县委改革办、大方县人力资源和社会保障局

2023年以来，我县聚焦推动人力资源开发机制创新突破提升，充分发挥市场在人力资源配置中的作用，借助东西部协作机遇，深化人力资源开发领域改革，打造人力资源开发改革试点，推动人力资源开发提质增效。

一、建立人力资源开发统筹平台

针对人力资源开发培育机制不活、创新不够、市场化程度低等问题，需深化人力资源统筹平台改革创新，打造一体化人力资源服务模式。

一是建立数字云体系。整合市场化服务资源，深化县管国企与薪太软等公司合作，提高组织化程度，着力构建“人力资源服务+云就业、云结算、云服务”体系，以云就业引进企业线上服务、云结算数字平台统筹外出务工人员薪酬结算、云服务链接各类产业园用工需求。同时，探索大数据赋能劳动力就业新模式，投入资金53.7万元，建成县乡两级劳动力大数据分析应用平台，推进人力资源数据分析应用。

大方县全口径劳动力大数据分析应用平台

二是统筹工资发放方案。建立人力资源开发运营体系，统筹全县机关、事业单位、国有企业等非在编用工人员的薪酬结算、劳务服务。目前，已统筹52家单位、4972名编外聘用人员，年过账流水预计达1.36亿元。

三是统筹劳务输出业务资源。建立“统筹平台＋市场化服务＋村级经纪人”服务机制，为服务公司提供技能培训、优质订单、组织劳动力输出业务等。围绕农村产业发展、县内外企业用工、帮扶车间、基础设施建设等用工需求和“高素质农民培育”计划开展培训，不断提升外出务工人员组织化输出程度。目前，已培育劳务经纪人626人，开展职业技能培训9207人次，组织劳务输出外出务工4.96万人，外出务工组织化程度71.51%。

大方县劳务经纪人业务培训会现场

二、深化人力资源开发和以商招商机制

整合市场化服务资源，按照电焊工、修车工、电工等常见实用型工种，分类建立人才库，健全产业招商引资与招才引智融合互动机制，围绕人力资源开发，分类别招引企业。

一是以农业产业园提升组织化程度。依托天河区·大方县粤黔协作现代农业产业园，围绕“1+2+2+N”产业布局和“一二三产业融合＋农业人力资源开发”模式，聚集现代生产要素，引进翠谷生物、培育壮大九龙天麻等公司，带动农村劳动力就业融入现代农业产业链，有效提升农村劳动力就业。

二是以人力资源产业园提升组织化程度。依托人力资源服务公司，建立人力资源开发产业园，吸纳东部人力资源服务企业入驻，强化劳动力统筹输出，不断培育人力资源服务体系。引进科大讯飞、点动科技、美宜佳、猎聘网等人力资源公司，建设科大讯飞智慧就业车间、点动科技线上就业车间；引进美宜佳公司建设云就业服务项目，打造就业在大方服务全中国的就业品牌，实现“一根网线、一台电脑，助力一户增收”云就业新模式。

三、建立人力资源开发和就业创业机制

聚焦“补短板、夯基础、保增量、促提升”，强化要素保障，推动就业培训提升。

一是创建实训基地。抢抓国发〔2022〕2号文件和国函65号文件机遇，申报并获批省、市人社局产业园配套培训项目资金400万元，建设就业创业公共实训基地。同时，推行引企入校、“前店后校”等合作模式，大方同心职校积极与雷龙服装厂、富钰汽贸等五家企业签订校企合作协议，开设理发店、汽车美容店等，大力培养技能型人才。

二是开设零工市场。通过市场化运作，引导服务公司建立零工市场，开发网络平台专业接单，收纳闲散零工。目前，零工市场已正式投入运营，完成零工市场入驻注册801人。

三是建立劳务协作站。积极与大方籍务工人员集中地区人社部门对接，争取支持，建立覆盖全面的劳务协作站，对外出务工人员提供就业优惠政策宣传、换岗换工、劳动维权等服务，确保外出务工人员稳岗就业。

四是强化政策保障。提升人才创业扶持力度，按规定给予贷款扶持、贷款贴息等支持。目前，发放创业担保贷款1.399亿元，贴息740.14万元，惠及创业者716人。

黔西市探索村级基础数据“一张表”新模式统计试点

中共黔西市委改革办、黔西市统计局

一、试点背景及内容

2021年，党中央、国务院印发《关于加强基层治理体系和治理能力现代化建设的意见》，明确要求“推进村（社区）数据资源建设，实行村（社区）数据综合采集，实现一次采集、多方利用”。2022年，省委办公厅、省人民政府办公厅印发《2022年贵州省改进作风狠抓落实工作要点》《关于开展村级基础数据“一张表”统计工作的通知》，要求“开展村级统计报表清理，建设统一数据库，一次录入、多方共享”。2023年，黔西市探索村级基础数据“一张表”新模式统计试点被列入省2023年“一县一试点”改革选题，通过抓“报表清理、数据采集、数据连通、平台运行”举措，构建“一次采集、多方共享”工作格局，极大提高了工作效率，有效减轻了基层负担。

二、试点创新举措

一是开展涉村报表清理。制定《黔西市推进村级基础数据“一张表”建设先行工作实施方案》，组建由市统计局牵头，市人社局、民政局、乡村振兴局、农业农村局等单位人员参加的调研组，深入部门、乡镇、村（社区）开展涉村报表的调研，摸清国家、省、毕节市和黔西市涉村报表共300张，其中数据采集类报表236张，工作事务类报表等64张。终止填报涉村报表161张，其中停报64张，不再由村填报78张，重复报送19张。

二是实行备案审批管理。实行“一张表”备案审批制，明确对排查出的毕节市市级及以上各部门下发的涉村报表，根据工作需要，仍需继续采集的报表，按规定在“一张表”平台上备案后采集；本级各部门因实际工作需要采集的各类数据，须报统计部门在“一张表”平台上提交审批资料，经上一级统计部门审批公示后，方可进行采集。截至目前，已将涉及省、市、县75张表在“一张表”平台进行备案。

三是设置台账数据模块。按照“村级方便提取信息，快速填报平台数据，提升数据填报效率”的原则，以自然人为基本单元，通过设置组织管理、小区管理、网格管理等信息模块，构建“人、户、小区、网格、社区”五级架构，在台账模块中设定模板，充分利用自然人的信息等156项指标内容，为“一张表”数据共享提供便利。如，部门向村索要某一数据时，村级可通过台账系统提取数据，快速在“一张表”平台填报数据，有效减少村级干部工作量。

贵州省村级基础数据“一张表”软件平台登录页面

四是抓好台账平台互通。按照“数据有效衔接、更新维护及时、系统使用方便”的原则，争取省大数据局协调云上贵州公司提供技术支持，采取以点带面的方式探索推进台账系统与“一张表”平台共建路径。根据试点需要，就台账系统数据下沉回流、“一张表”平台涉村数据采集事项报批审核、网格化系统数据采集进行优化完善，切实打通台账系统与“一张表”平台的数据壁垒，推进数据共享，实现共建互通。

三、试点主要成效

一是减少了报表数量。清除涉村报表 161 张，报表较试点工作开展之前精简了 53.67%。整合单位报表 139 张，形成 1 张主表和 11 张采集表、19 张共享表。

二是实现了数据共享。所有负责共享表的部门均建立数据审核员账号，部门需使用共享表中数据时，使用部门审核员在“一张表”平台上提交共享申请，采集部门审核员同意申请后即可查看共享表中的指标数据，不需再到村级开展相关数据调查，实现基层减负增效、数据共享，23 家市直部门之间共享指标 2535 个。

三是提高了工作效率。现有台账系统涉及 156 项指标，村干部可通过台账系统提取数据，快速制作表格在“一张表”平台填报，减少数据重复采集的人力投入，有效减少村级干部工作量，提高了工作效率。

2023 年全省村级基础数据“一张表”业务培训班在黔西市召开

金沙县农村集体经营性建设用地入市试点

中共金沙县委改革办、金沙县自然资源局

一、试点背景及内容

2023 年 3 月，自然资源部将金沙县作为全市唯一、全省 10 个农村集体经营性建设用地入市工作试点地区之一，同年 5 月，获批列入 2023 年贵州省“一县一试点”改革选题。改革试点工作开展以来，金沙县高度重视，县委主要领导领衔推进，亲自审定方案、细化改革举措、抓好统筹调度，审慎稳妥推动农村集体经营性建设用地入市工作，探索农村集体经营性建设用地与国有建设用地同等入市、同权同价，盘活空闲、废弃和低效利用的存量集体建设用地，提高集体建设用地节约集约利用水平。

二、试点创新举措

一是精准摸清底数。由第三方技术保障单位对全县各村（社区）集体建设用地进行现场逐一核查，并开展权籍调查工作。截至目前，已核查金沙县可作为集体经营性建设用地入市地块 74 宗，面积 338.26 亩，达到入市条件建设用地 26 宗，面积 107.92 亩。

二是明确入市主体。探索通过股份制合作的方式确定入市主体，成立以村（社区）党总支书记为理事长的村集体经济股份合作社，由村集体经济组织作为农村集体经营性建设用地入市主体，有效整合各集体经济组织土地资源，保障农村集体经济组织成员能充分公平行使权利，获得改革红利。目前，全县已成立229个村集体股份经济合作社。

三是探索入市途径。以建立城乡统一的建设用地市场为目标，参照国有建设用地入市途径，结合金沙县土地资源和发展现状，探索农村集体经营性建设用地，通过“就地盘活利用存量土地”，采取招标、拍卖或挂牌等方式入市。目前，全县通过挂牌成交的地块共26宗，面积共100.54亩，成交金额合计1274.599万元。

四是明确收益分配方案。制定《金沙县农村集体经营性建设用地入市试点工作方案》，明确入市主体（村集体经济股份合作社）需按土地增值收益的50%向县人民政府缴纳土地增值收益调节金，缴清土地增值收益调节金后，其他收益归集体所有。

金沙县集体经营性建设用地入市助推乡村振兴

三、试点主要成效

一是保障项目尽快落地建设。用存量的集体建设用地供地，减少了报批土地的流程，极大缩短了供地时间，有利于项目尽快落地建设。试点工作开展以来，金沙县入市交易 26 宗，面积共 100.54 亩，有效保障全县石材和旅游产业的用地。

金沙县集体经营性建设用地入市地块建成现场

二是保障入市地块增值收益分配。《金沙县农村集体经营性建设用地入市试点工作方案》明确入市主体（村集体经济股份合作社）需按土地增值收益的 50% 向县人民政府缴纳土地增值收益调节金，缴清土地增值收益调节金后，其他收益归集体所有。按照壮大集体经济的原则留足村集体后，在农村集体经济组织成员之间进行合理分配，并将分配情况纳入村务公开内容，接受相关部门和公众监督。试点工作开展以来，获得增值收益调节金 122.14 万元，农村集体经济组织增收 460.3 万元。

三是保障农村脱贫人口就近就业。入市地块成交后为当地带来项目建设或产业投资，项目建设过程中或投产后又为当地村民提供了就业岗位，并引导企业在招聘人员时向本地村民或农村脱贫人员倾斜。试点工作开展以来，已入市土地累计带动产业投资规模 2.7 亿元，累计提供就业岗位 140 个，累计增加工资性收入 830 万元；累计解决农村脱贫人口就业 25 人，累计增加农村脱贫人口工资性收入 96 万元。

碧江区托管盘活农村闲置资源改革试点

中共碧江区委改革办、碧江区农业农村局

随着我国改革开放加速推进，“空心村”“空心户”现象日益突出，一些农村资源处于闲置或半闲置状态。为破解资源浪费、利用效率不高、无人“种地”等突出难题，碧江区创新推进托管盘活农村闲置资源改革试点，全区累计盘活闲置低效土地1.85万亩，闲置荒山林地1.94万亩，闲置住房、学校等资源4.4万平方米，闲置农业设施（大棚、冷库）4770平方米。

一、强化统筹推进，压实托管盘活责任

成立碧江区托管盘活农村闲置资源改革领导小组，印发改革试点方案，按月调度，定期明察暗访，确保责任压实。各乡镇成立闲置资源托管盘活组织机构，由“一把手”亲自抓，建立目标台账、问题台账和推进落实台账，着力推进辖区托管盘活改革工作。成立村（社区）托管委员会和村（社区）闲置资源托管中心41个，落实本村（社区）闲置资源调查摸底、征求群众托管意愿、会商利益联结机制、签订托管盘活协议等工作。

二、强化资源管理，夯实托管盘活基础

将农村闲置资源按照资源种类、闲置时长、资源权属等情况，划分为宅基地、农房、耕地、荒山、可利用的林地、农业设施和农业产业项目、农机具、水面和滩涂等八种类型，组建专门队伍对各村闲置资源分类排查，摸清资源底数。对自愿托管资源的农户，由村托管中心与其签订托管协议并颁发托管证。鼓励支持农技干部等人员通过领办合作社、到村集体经济组织中兼职、离岗创新创业等方式，积极参与托管盘活改革工作。鼓励村托管中心集中整合闲置资源，编制申报乡村建设、农业产业发展等项目，支持实施高标准农田建设、土地“宜机化”整治、农业社会化服务等项目。探索创新衔接资金、涉农整合资金使用方式，通过股权、债券等方式支持优势产业、合作社、家庭农场发展。

碧江区川硐街道小江口村盘活闲置荒山发展福柚种植基地（鸟瞰图）

三、强化主体培养，优化托管盘活方式

支持农户从村托管中心承包闲置资源，鼓励农户适度规模经营，培养农户发展家庭农场。采取“村托管中心＋村合作社＋农户”方式，鼓励村级集体经济统一盘活闲置资源，开展自主经营活动。支持返乡农民工、大学生、退役军人等群体开展灵活创业，通过村托管中心租赁闲置资源，用于发展“四小”经济。用好企业优势，对闲置资源进行总体规划设计、整体打捆包装，采取入股或独资的方式与企业开展合作，推动农村产业规模化发展。

碧江区坝黄镇木弄村利用闲置土地打造红董驿站（鸟瞰图）

四、强化因地制宜，找准托管盘活路径

一是发展乡村产业盘活一批。引导各类经营主体因地制宜，着力发展符合乡村特点的新业态以及产业融合发展项目。二是发展公共事业盘

活一批。将交通条件较好、方便群众生活，但没有修复价值的资源规划，建设成公共设施。三是提供要素保障盘活一批。采取整理、复垦、复绿等方式，开展农村闲置宅基地整治。四是开展农机服务盘活一批。通过自营、租赁等形式，利用村集体或个人闲置农用机具资源，为当地或周边农业经营主体提供农机社会化服务。五是解决搬迁群众种地需求盘活一批。自发盘活安置区周边闲置土地870亩，用于近5000名搬迁群众种植粮食作物。

碧江区漾头镇九龙村盘活闲置资源打造露营基地（鸟瞰图）

五、强化利益联结，实现改革互利共赢

村托管中心和农户签订托管协议，享有闲置资源承包经营权，通过自营、转包、入股等方式与经营主体合作，盘活利用闲置资源，按照约

定比例获取相应收益。由村托管中心统筹，参与托管的农户优先享有托管项目基地务工的权利，通过务工获取劳务收入。鼓励进城农户有偿退出闲置宅基地和农房，退出后继续享有集体经济收益权和土地承包经营权等权益，退出的宅基地参照集体建设用地基准地价进行补偿。自碧江区托管盘活农村闲置资源改革试点开展以来，累计产生经济效益 2400 余万元，带动 6240 户群众户均增收约 3800 元。

江口县生态产品价值实现机制改革试点

中共江口县委改革办、江口县发展和改革局

近年来，江口县深入学习贯彻习近平生态文明思想，认真落实省、市部署要求，坚持生态优先、绿色发展，积极探索推进生态产品价值实现机制改革试点，全力打通生态产品价值难度量、难抵押、难交易、难变现瓶颈，推动生态产品向真金白银转化，让更多群众端上“生态碗”、吃上“生态饭”，真正实现绿水青山向金山银山转化。

一、建立核算机制，推动生态产品价值可度量

一是制定核算标准。科学编制县域 GEP（生态系统生产总值）核算指标体系，建立与 GDP（国内生产总值）相对应、充分衡量生态系统状况的生态产品价值核算标准，为《贵州内陆山区 GEP 核算技术规范》制定提供了实践成果，为推动 GDP 和 GEP 双核算提供数据支撑。

二是搭建核算平台。组建县属国有企业生态产品运营管理公司，引入科技公司并合作成立贵州梵净生态产品价值实现服务管理有限公司，与中国科学院、清华大学、中国绿色碳汇基金会等科研院所建立合作关系，共同研发、搭建 GEP 自动化核算平台系统。

三是开展常态化核算。坚持客观性、开放性原则，针对森林、湿地等生态系统，充分收集统计、遥感、监测等数据，综合运用市场价值、替代成本、残值等核算方法开展GEP核算，目前已完成2018—2022年GEP核算。

二、建立评估机制，推动生态产品价值可抵押

一是开展确权登记。组织开展土地、林业、水权、矿产等自然资源资产统一确权登记工作，划清产权主体、权属边界，为开展“梵净生态账户”数据采集提供基础支撑和产权保障。截至目前，全面完成新一轮土地确权，办理土地承包证48865本36.95万亩，完成宅基地登记8809户1647.47亩，完成矿泉水等矿产登记两处，发放林权登记证11318本135.5万亩。

二是设立生态账户。创新推出“梵净生态账户”，构建账户积分指标体系、测算模型和评价标准，量化评估企业和个人客户生态资产、生态经营、生态生活、生态公益等方面的情况，赋予“梵净生态积分”作为提高授信额度、优惠贷款利率、定制金融产品、设立金融服务绿色通道等金融价值运用依据，有效打通生态—金融—经济之间的“转换通道”。截至目前，建立“梵净生态账户”6781户，赋予生态积分36万分。

三是创新抵押方式。推动金融机构依法依规开发生态产品价值权益、收益与“梵净生态账户”相结合的绿色金融产品，开展水权、林权等使用权抵押、产品订单抵押等绿色信贷业务，支持生态环境提升及绿色产业发展。建立政府性融资担保抵押和服务创新机制，个人、企业与个体

工商户等均可根据生态积分情况享受差异化金融担保服务政策。截至目前，已通过“生态账户”授信金额4.38亿元，发放“生态积分”抵押贷款1789笔4.1亿元，累计减少客户利息近360万元。

江口县“梵净生态账户”绿色贷款首发仪式

三、建立转化机制，推动生态产品价值可交易、可变现

一是强化服务保障。组建江口县绿色金融发展中心，有效整合金融、国资职能，为推动生态产品价值实现提供金融服务保障。设立综合服务中心，打造生态产品集“收储—交易—开发—服务”全流程数字化闭环生态产品开发交易平台，同步开发交易林权、水权、林业碳汇等调节服务产品和农林牧渔等物质产品，促进农副产品生态增值，拓展转化渠道，实现助农增收。

江口县生态产品开发及交易平台

二是制定生态产品目录。根据国家发改委发布的《生态产品清单》，摸清现有各类生态产品底数，编制形成《江口县生态产品企业名录库》《江口县生态产品目录清单》。截至目前，已有 1632 家企业被纳入生态产品企业名录库，16 家获得有机产品认证、7 家获得绿色产品认证；纳入生态产品目录清单农特产品 64 个，旅游商品 48 个，生态资源开发权益 12 项。

三是丰富场景应用。积极探索“梵净生态账户”2.0 版，为江口县群众和在江口的单位、个人以及江口籍在外学习、创业、就业、定居人员，建立“梵净生态账户”，发放“生态绿卡”“生态护照”，结合自然生态、文化生态、经济生态、金融生态、政治生态等五大场景应用，制定正面、负面清单和“梵净生态积分”兑换规则、激励政策，通过开展积分兑换和政策兑现，推动生态产品价值实现。

印江县中心村卫生服务改革试点

中共印江县委改革办、印江县卫生健康局

近年来，针对农村群众看病难、村卫生室资源闲置、乡村医生队伍不稳等问题，印江县创新推进中心村卫生服务改革试点，通过阵地联动建设、队伍统筹管理、健康合力守护，有效提升农村医疗服务能力，满足农村群众就医需求。截至 2023 年年底，全县共建成中心村卫生室 10 个，覆盖行政村 50 个，惠及群众 6.2 万余人，基层首诊率达 95%，农村基本医疗卫生服务公平性、可及性不断提升。

一、村级卫生阵地联动建设

一是科学布局联建。优先选择距离集镇较远、常住人口较多的 50 个行政村，通过整合资金新建或盘活闲置资产改建，联合组建 10 个中心村卫生室，辐射带动相邻村卫生室一体发展。

二是统一标准创建。中心村卫生室由乡镇卫生院统一管理并加挂分院牌子，明确占地面积不少于 200 平方米，业务用房不少于 260 平方米，至少设置诊室、中医理疗室、病房、药房、清创室、检验室、公卫室、心电图室、医疗废物暂存室、医疗废水处置室，允许有条件的中心村卫生室设置医学影像室等。

三是整合资源建设。整合东西部协作资金、重点项目省级补助资金585万元和县级多方资源，用于中心村卫生室房屋维修改造，购置心电图机、全自动生化分析仪、中医康复治疗仪等设备。

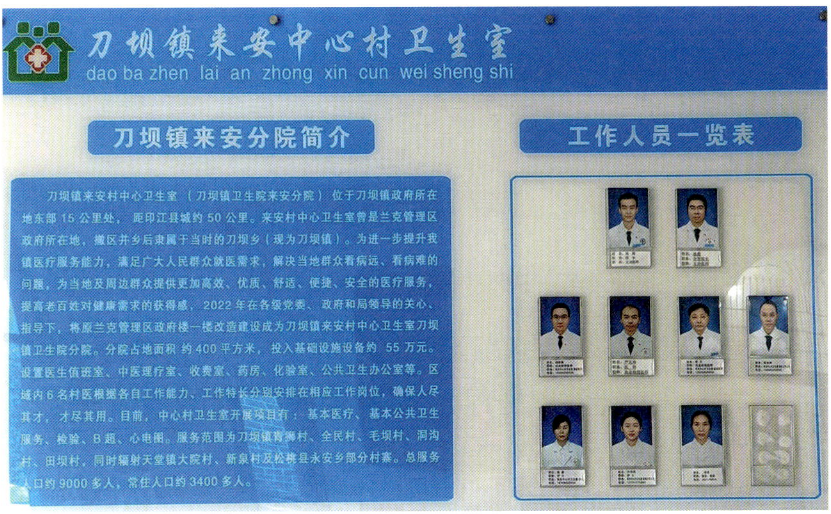

印江县刀坝镇来安中心村卫生室岗位一览表

二、村级卫生队伍统筹管理

一是建立队伍。建立县级指导、乡镇派驻、乡村医生轮值制度，县级医共体牵头医院指派一名医师联系指导，乡镇卫生院选派一名副院长和2～5名业务骨干到中心村卫生室驻点开展工作。中心村卫生室新聘乡村医生由乡镇卫生院管理，报县级备案，每名乡村医生每周到中心村卫生室坐班不少于四天。

二是培强队伍。实施“坐诊带教”培育计划，由县级医共体联系指导医师、乡镇卫生院副院长和业务骨干对乡村医生实行一对一帮带，健全远程学习、线下培训制度，有效提升乡村医生服务能力。截至 2023 年年底，共开展业务培训 20 期 300 余人次。

三是稳定队伍。明确乡村医生收入主要由乡村医生定额补助、国家基药补助、国家基本公共卫生服务资金补助、岗位绩效等组成，将乡村医生定额补助由 500 元 / 月提高到 700 元 / 月，保障乡村医生人均月收入在 4500 元以上。完善乡村医生激励制度，对取得执业（助理）医师资格证的乡村医生，由所在乡镇卫生院参照本院聘用人员标准，缴纳城镇企业职工养老保险。建立乡村医生医疗风险分担机制，由乡镇卫生院统一购买医疗责任保险，有效降低乡村医生执业风险。

四是考核队伍。建立专职督医制度，组建专职督医队伍，畅通监督举报渠道，强化乡村医生综合监管。健全从业考核机制，围绕公共卫生服务、基本医疗服务、医德医风和群众满意度等，对乡村医生进行统一考核，将考核结果与乡村医生续聘、职称晋升、优秀评选挂钩。

三、村级卫生健康合力守护

一是首诊在村。构建基层首诊、双向转诊、上下联动的分级诊疗体系，中心村卫生室严格执行首问首诊负责制，建立 24 小时值班值守制度，对不能救治的患者，及时转诊到上级医院，满足群众就医需求。积极开展群众健康情况摸排，系统了解群众健康状况并建立信息台账，有效提升基层首诊率。

二是送医到户。纳入中心村卫生室管理的乡村医生每周至少有两天到村开展基本公共卫生服务，协助各级医师开展巡诊义诊，为重点人群提供上门健康检查。及时走访跟踪高血压、糖尿病等慢性病患者病情，以户为单位建立健康档案和走访服务台账，定期送药上门，了解服药情况，叮嘱注意事项。

三是就地报销。将中心村卫生室纳入医保住院补偿定点医疗机构目录，链接医保管理系统，实现常见病就地接诊、诊断、诊疗、报销闭环管理，住院患者医保补偿参照乡镇卫生院医保政策，切实减轻群众就医负担。

印江县木黄镇荣光中心村卫生室获群众感谢

丹寨县探索优化营商环境“两员”制度试点

中共丹寨县委改革办、丹寨县投资促进局

近年来，丹寨县围绕为企业纾困解难、促进经济发展，创新推行优化营商环境企业全程代办员和部门首席领办员的“两员”服务制度，明确代办员向企业提供全程代办服务和领办员负责本单位行政审批事项领办的方式，着力推动营商环境持续优化提升，切实打通服务企业“最后一米”。

一、建好“两员”服务队伍

一是明确资格选派“两员”。以涉企单位业务骨干、岗位能手、退居二线的领导干部和热心于服务企业的同志为主，具有履行岗位职责所必需的工业、金融、法律等专业知识，或在企业工作一年以上从业背景，熟悉相关业务、流程，能帮助企业解决投融资、项目推进中困难的优秀人才。2023 年以来，从各领域选派“两员”人数 100 余人。

二是明确需求匹配“两员”。通过部门推荐、组织审定的方式选拔并纳入企业服务人才库，结合企业需求、部门职能情况，通过“一对一或一对多”方式为每家企业精准匹配 1 名企业全程代办员，负责办理涉及行政审批、公共服务等事项；匹配一名部门首席领办员，负责领办涉及本部门审批的事项及公共服务。2023年以来，共为119家企业精准匹配企业全程代办员57名，在行政审批和公共服务部门设置首席领办员50名。

三是明确标准培养“两员”。灵活安排企业服务人才库人员到政务服务办事窗口跟岗学习或顶岗锻炼，结合窗口办理业务情况、企业评价及满意度，选拔业务水平高、沟通协调能力强的优秀人员列入“两员”拟选派名单。定期组织拟选派人员开展优化营商环境专题培训和业务知识考试，考试成绩在80分以上的颁发企业服务上岗证并确定为“两员”。

二、发挥“两员”服务作用

一是全面收集诉求，扩大服务范围。实行“一企一档”信息管理模式，由企业全程代办员全面收集、动态更新服务企业生产经营中的困难和问题，建立企业诉求清单，提出拟解决建议措施，汇总到县代办中心进行派单转办和协调解决。2023年以来，共收集企业反馈各类问题和诉求事项173件次。

丹寨县泓文实验学校企业全程代办员开展走访服务

二是及时转办诉求，加快服务速度。建立服务事项快速办理反馈机制，对于能现场解决的一般诉求，由企业全程代办员协调解决；对于涉及行政审批和公共服务事项办理的诉求，由县代办中心向涉及的部门首席领办员派发领办任务，在规定时限内协调办理。2023 年以来，通过“两员”当场协调解决事项 146 件，县代办中心综合协调解决事项 18 件。

三是高效办理诉求，提升服务质量。按照“清事项、减材料、压时限、提效率”原则，实行同一申请材料审批部门内部流转共用机制，在基本条件、关键材料具备情况下先行容缺受理。对非必要人出面的事项，均由“两员”进行全程帮办代办，实现足不出门、只找一人就能通办多事。

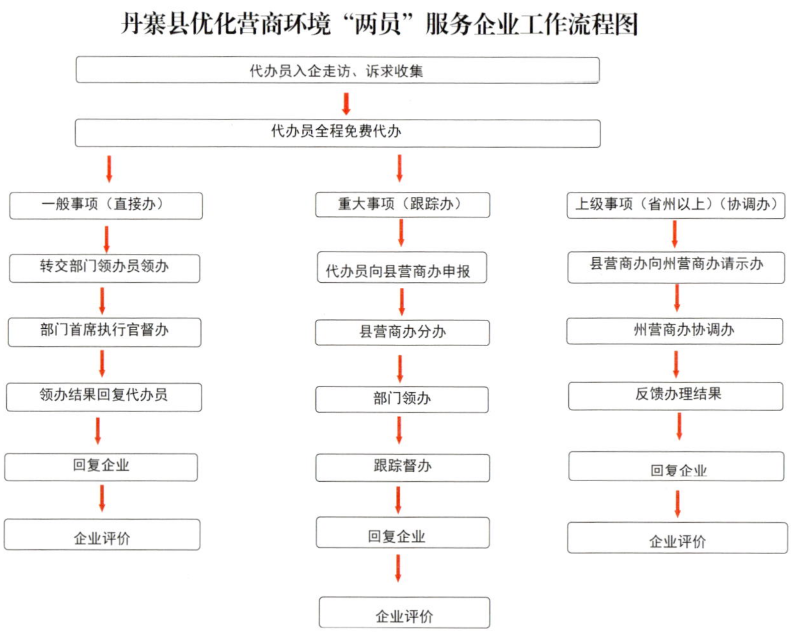

丹寨县优化营商环境“两员”服务企业工作流程图

三、严格“两员”服务考评

一是规范“两员”考评方式。实行“平时考核＋成效评价”评定方式，平时考核围绕企业服务指标按月计分，并常态化开展金牌“企业全程代办员和部门首席领办员”月评比活动；成效评价采取企业评分、代办员互评、营商办评价方式进行，综合评定得出“两员”最终考核结果。2023 年以来，共评选金牌“两员”24 名。

二是开展“两员”跟踪督查。整合投促、纪检等部门力量对“两员”工作开展情况进行督查，并设立投诉举报热线，接受社会监督。对未按要求开展服务的，由县营商办按月通报；对工作中出现破坏营商环境行为的，移交县纪检监察机关调查处理。2023 年以来，共下发“两员”工作情况通报 12 期。

三是强化“两员”考评结果运用。对综合考核排前 10 位的“两员”人员，由县营商办致函给原单位以及组织人事部门作为优秀等次建议人选和提拔任用、职级晋升的重要参考依据。对于年度考核得分低于 80 分且排名后 10 位的“两员”，给予黄牌警告。2023 年度，共有 10 名“两员”人员经县营商办推荐直接被评为年度考核优秀等次。

岑巩县创新农业社会化服务改革试点

中共岑巩县委改革办、岑巩县农业农村局

近年来，岑巩县按照“托管自愿、有偿服务、合同约定、互利互惠”原则，以杂交水稻制种和优质稻两大特色优势产业为重点，积极探索实施农业社会化服务，实现土地、技术、科技等生产要素的优化组合，有效破解小农家庭劳动力短缺、生产效率低、专业技术弱等难题。

一、培育服务主体

一是优选本地主体。通过自愿申请、公开遴选等方式，从全县农业社会化服务主体中，综合择优有经验、有设备、自愿接受监督的服务组织等进行培育壮大，建立农业社会化服务主体名录库。2021 年以来，共培育大型农业社会化服务组织 28 家，带动 50 家省、州级龙头企业及示范社积极参与。

二是引进专业主体。围绕农业产业项目规划实施，结合农业生产耕、种、防、收等各环节服务需求，积极引进规范化、专业化、社会化的项目实施主体及农业生产服务企业主体，着力推进县域优质水稻、生态蔬菜等产业规模化、集约化、专业化发展，辐射带动周边新型农业经营主体和农户抱团发展。2021 年以来，引进培育杂交水稻制种、精品水果等经营龙头企业 8 家，带动发展杂交水稻制种、优质稻等基地 7 个共 4 万余亩。

三是组建联合主体。按照“优势互补、自主自愿、分工协作”原则，梳理整合财政扶持、信贷支持等优惠政策，以“资金 + 技术 + 服务”形式，引导专业大户、家庭农场、农民合作社等多元新型经营主体通过资本运作、产业延伸等方式进行联合重组，建立协作服务机制，成立农业产业服务联合体、服务联盟等新型农业生产服务组织，实现小农生产与现代农业发展有机衔接。

农机手驾驶收割机在岑巩县平庄镇路溪河村抢收制种水稻

二、丰富服务内容

一是全程托管服务。在保持农户生产经营单位、家庭承包经营权不变和确保农民利益前提下，社会化服务组织与农户自行签订农业生产服务协议，服务组织开展深松整地、集中育秧、统一收割等全程保姆式托管服务，将小农户引入现代农业发展大格局。2023年以来，共开展社会化服务面积5.12万亩。

二是点单托管服务。根据山地农业生产多样化需求，细化具有地域特色的机耕、种植、收割等生产各环节服务项目，农户可根据自身需求选择其中某一环节或几个环节项目，与社会化服务组织签订托管服务协议和服务对象承诺书，按服务项目支付费用，满足群众多样化需求。

三是延伸托管服务。将托管服务链条延伸到产前农资采购和产后农产品销售等环节，为种植户提供农资供应、配方施肥、收储加工及销售的一体化服务。通过规模化耕作、精准化控量和搭载大数据服务等，降低种子、化肥、农药等农资采购成本及加工销售成本，加速“产、供、销”一体化进程。

农技人员在岑巩县注溪镇周坪村水稻种植基地驾驶插秧机插秧

农机手驾驶收割机在岑巩县思旸镇磨寨村收割制种水稻

三、确保服务质量

一是示范带动保质量。结合本县产业布局和基础设施分布情况，在杂交水稻制种、优质稻和思州柚等优势产业基地进行社会化服务示范建设，引导小农户接受土地翻犁、育苗、割收等社会化服务项目，推进农机农艺结合，促进农业适度规模经营、降低生产成本。2021 年以来，打造杂交水稻制种托管服务示范基地 5 个，优质稻种植托管服务示范基地两个。

二是细化标准保质量。围绕不同产业服务需求，邀请行业专家，指导制定机耕深度、农药用量等各环节技术标准，科学规范推进社会化服务工作。结合服务实施过程需求，制定实施主体基础设备、劳务调度、运转资金等行业标准，切实提升服务质量和效率。目前，已细化杂交水稻制种、优质稻和思州柚等机耕、机收、剪枝、烘干、保鲜、储藏等 10

余项技术规程和收费标准。

三是强化监督保质量。成立社会化服务专班，全程受理项目申报、立项和资金支付服务，并将遴选结果、服务项目实施结果等在县、乡、村公示，确保项目服务申报公平公正。抽调财政、审计部门业务骨干加强对项目服务面积、补助标准及完成质量进行跟踪审查，全面掌握工作进度和督促补助资金拨付情况，杜绝骗取、套取、挤占挪用项目资金的现象。

黎平县油茶产业“村推户管”改革试点

中共黎平县委改革办、黎平县林业局

黎平县既是全国首批100个油茶重点发展县之一，又是贵州省4个油茶示范县之一，同时还是目前全省油茶种植面积最大的县。为深入贯彻习近平总书记关于油茶产业发展的重要指示精神，落实保障国家粮油安全相关要求，黎平县把油茶产业作为产业振兴和农民增收的重要抓手，积极探索油茶产业“村推户管”改革，破解群众种植技术水平低、产业规模小、市场竞争力不强等难题，推动油茶产业做大规模、做强产业链、提高市场竞争力。2023年，油茶产业“村推户管”改革被国家林业和草原局列为林业改革发展第四批典型案例。

一、盘活闲散土地，破解用地难题

立足黎平县油茶产业已具规模的基础，结合当地山地坡度大、平地少、地形较为破碎等情况，着手盘活适宜种植油茶的寨边、路边、田边、地边“四边”零星土地资源，由县林业局指导村级规划建设油茶基地，村级实行分户管理，形成“户户无闲地、处处种油茶”的产业发展格局，破解因商品林采伐限额制约油茶建设用地增量难题。2022年至2023年，通过“村推户管”改革实施油茶种植 1.2 万亩，涉及 3943 户，试点任务完成率达 120%，预计投产后可实现户均增收 0.5 万元以上。截至 2023 年年底，全县油茶种植面积达 43.5 万亩，投产面积 31 万亩，油茶籽产量达 2.1 万吨，综合产值 10.5 亿元。

黎平县山油茶基地

二、推行统一规划，破解管理难题

油茶种植一般 7 年才能投产见效。据测算，投产前每亩需投入管护资金约 5000 元，按当前执行新种油茶补贴标准 800 ～ 1200 元 / 亩计算，从种植到投产，种植主体需自行投入的管护资金占 80% 左右，单个种植主体如大面积种植，在投产前管护的人力和财力等成本高、风险大，而推行“村推户管”模式，对纳入“村推户管”发展油茶产业基地建设的地块由林业部门进行统一规划设计，各乡镇（街道）负责统一申报项目、统一规划标准、统一组织实施、统一产销对接，县林业部门技术员统一进行技术指导，种植结束后交由农户分户进行管理，发挥家庭种植管理不直接计算人工成本的优势，解决油茶大面积造林后期管理用工难和筹资难的问题。截至 2023 年年底，全县种植油茶农户达 5.4 万户。

三、搭建统销平台，破解销售难题

聚焦延伸产业链和提升油茶产品附加值，加快培育县内油茶加工企业，搭建“分种统销 + 集中加工”统销平台，指导各乡镇（街道）与县内油脂加工企业签订供应油茶籽订单，村合作社负责向农户收购茶籽并把关质量，加工企业对产品进行加工、品牌打造和对外销售，有效解决了群众种植产出销售难题。截至目前，全县共有油茶规上企业四家，其中省级龙头企业三家、州级龙头企业一家，年加工茶籽能力达 2 万吨，现有“黔金果山茶油”“贵香源山茶油”“油趣工坊”“大歌山茶油”等一批山茶油品牌。

黎平县村民采收油茶果

四、强化科技加持，破解人力难题

深化与中国林业科学研究院亚热带林业研究所、贵州大学林学院、贵州省林科院等院所的科研合作，在油茶高产技术、低产林改造技术、山茶油精深加工与新产品开发等方面共同推进科研攻关。着力攻克良种选育和低产改造等难题，共建油茶良种收集圃和试验林，通过科技赋能为油茶产业发展提供优质种苗。同时，引导和发动群众参与试点工作，破解产业发展“人力”难题，充分利用省、州科技特派员队伍，以县级专家、农林技术人员、油茶种植能手等为主，组建“1 个县级专家组 +1 个农林部门专业队 +26 个乡镇（街道）林业专业队 + 多个村级油茶种植能手小队”的专业技术服务保障联动队伍，深入农户种植一线开展技术指导、培训，提升群众油茶种植和管护能力。目前，全县有省级油茶良种采穗圃两处共 270 亩，穗条年产量 10 吨，可供育苗 1000 万株以上；省级保障性油茶苗木定点生产单位两家，良种苗木年产量超过 800 万株；建有油茶良种收集圃和试验林 40 亩，收集保存无性系品种 75 个、杂交品种 5 个。

黎平县油茶育苗苗圃

榕江县创新打造“榕易”品牌推进县域治理机制改革试点

中共榕江县委改革办

近年来，榕江县坚持以人民为中心的发展思想，充分发挥改革的先导和突破作用，聚焦社会热点难点和群众关心关注等方面的民生问题，创新打造“榕易”系列全面深化改革工作品牌，构建“改革事项让群众提、改革过程让群众观、改革成效由群众评、改革结果由群众定”的改革工作新模式，提升县域治理效能，全力推动经济高质量发展、人民高品质生活、社会高水平安全，营造榕江县域“经商容易、办事容易、生活容易”良好氛围。

一、提质经济增效，全力推动高质量发展

以推动经济发展为目标，强化消费贷款投放，加大扩内需支持力度，推动经济实现质的有效提升和量的合理增长。

一是创“榕易贷”助力经济复苏。牢牢把握区域经济发展特点，紧扣广大群众需求，以农信联社为试点，探索做好减费让利，推出“榕易贷”贷款产品，聚焦“专、精、特、优”特点，开发“榕易贷·农户小额信用贷款”“榕易贷·个体经营户贷款”“榕易贷·行政企事业单位职工

贷款”“榕易贷·企业流动资金贷款”“榕易贷·城镇居民贷款”等一系列“榕易贷”子产品，重点支持农户、个体经营户、小微企业生产经营户，促进行政企事业单位职工合理消费，落实“专业、热情、得体、高效”的服务标准，有效满足客户融资需求和促进客户降本增效，持续提升民营和小微企业金融服务水平，支持复工复产复市、激发市场活力及稳住经济增长。截至目前，榕江农信联社累计发放“榕易贷”贷款13.72亿元，总贷款余额10.77亿元，惠及客户12894余户。

二是创“榕易卖”助力黔货出山。依托国家“互联网+”农产品出村进城工程试点县政策支持，在县城打造集培训基地、直播中心、产品车间、仓储物流等产业链配套设施的县域新媒体核心功能示范区，在乡镇搭建乡镇级新媒体直播中心，在资源优势突出的村寨、场景比较鲜明的合作社等打造村级直播点，积极发展短视频、直播电商、线上营销等核心业务，助推农特产品销售、助力黔货出山，拓宽群众就业渠道。目前，已投入约1.1亿元建成县域新媒体产业园，打造乡镇级新媒体直播中心6个、村级新媒体直播点30余个，培育在册网络主播12000余名、优质网络直播营销团队2000余个，通过新媒体电商平台助力全县农产品及手工艺文创产品线上销售额超3亿元，带动8000余名群众实现就业增收。

榕江县创新搭建“榕易卖”分销平台大力发展新媒体电商产业，新媒体主播正在线上销售榕江脐橙

三是创“榕易游”助力流量转换。围绕“吃、住、行、游、购、娱”旅游行业六要素，依托“村超”品牌影响力，创建“榕易游”服务品牌，围绕来榕江看“村超”，打造集体育运动、民族文化、美食餐饮、康养度假、研学体验、民俗体验于一体的文体旅特色体旅路线，谋划推出“苗山侗水·醉牛之旅”“大吉大利·非遗之旅”“味觉古州·美食之旅”“多彩体育·康养之旅”等多条精品旅游线路。同时，整合和优化景区景点游玩、餐饮、住宿、交通等各类信息资源，开发美食智慧导览系统、线上手绘地图导航等智慧旅游平台，完善精品旅游线路交通、住宿、餐饮等各个环节，提供周密细致的“一站式”旅游服务指南，实现各个景点精准衔接，不断丰富和提升旅游业态，为游客提供全面、快捷的榕江旅游

信息和丰富的游玩体验。2023年以来，全县累计接待游客561.9万人次，实现旅游综合收入61.12亿元，同比增长37.69%和56.17%。

二、助力乡村振兴，全力推动高品质生活

紧盯巩固拓展脱贫攻坚成果，聚焦乡村振兴与共同富裕实践探索，创新举措提振干部群众精气神，充分激发群众内生动力，全面推进乡村振兴。

一是创“榕易干”提振干部作风。坚持党的领导、改革创新、依法行政、以人为本、统筹兼顾的原则，以推动“榕易干”为抓手，着力破解干部“躺平”心态、干事创业动力不足难题，充分激发干部职工干事创业的积极性、主动性、创造性，推动各级各部门充分履行职能职责，为改革探路、发展破题，大胆创新创造，主动担当作为，推动各项决策部署更好落地生根，形成“大胆干、主动干、抢着干”的浓厚干事创业氛围和生动局面。目前，通过认真梳理形成干部队伍建设工作情况报告52份，推荐干部执行力正向干部122人，上报负面干部37人，推荐提拔、晋级干部120人。

二是创“榕易融”提振市民面貌。不断深化信息登记制度改革，给农业转移人口和外来人口等在榕江工作、生活连续满半年以上的人员办理“新市民卡”，凭“新市民卡”可享受住房租赁补贴、子女入学、就业创业、社会保险、司法救助等方面的政策待遇，通过办卡的方式做好新市民信息登记、留存，实现农业转移人口及外来人口由“被动管理”到“主动登记”转变，破解新市民信息管理“散、乱、旧”难题，全面、及时、准确反映外来人口规模和变动情况，更加精准地做好外来人口服务

管理工作，提升社会治理效能。出台《榕江县农业转移人口及外来人口“榕易融”服务管理工作实施细则》，围绕社区治理过程中新市民群众多层次、多样化需求，积极探索建立多层次、多部门联动的“新市民”服务管理工作体系，从人的全生命周期角度出发，认真梳理县域党建、户籍、住房、就业创业、教育、医疗、司法援助、纠纷调解、殡葬服务等各项利民惠民政策，为新市民提供全方位的政策指引服务，增强新市民归属感、安全感和获得感。目前，已发放新市民卡3200余张，公告具体利民惠民政策47条，组建“新市民·追梦桥”志愿者服务队5支1617人，为困难新市民群众提供家庭卫生整治、学业指导和亲情陪伴等服务。

榕江县创新“榕易融”服务管理机制帮助易地扶贫搬迁妇女实现县城就近就业

三是创“榕易帮”提振群众信心。坚持以人民为中心，加强主动服务，依托乡镇（街道）政务大厅、整合社会事务窗口为社会救助服务窗口，在做好最低生活保障、医疗救助、临时救助、灾民生活救助、特困人员供养等申请受理的基础上，拓展窗口服务功能，敞开住房、就业、教育等求助之门，积极帮助办理或者转介相关机构办理。搭建“一门受理”“主动发现”“协同办理”“快速响应”平台，不断完善城乡居民服务功能，创新“物质＋服务”“先救治、后收费”“减免＋补助”“鉴定＋补助”“培训＋引导”“预防＋保障”“救助＋改革”等覆盖社会救助、就医、教育、住房、就业和急难救助的工作体系，全面提升基层为民服务水平。2023年来，共发放教育、供养、重大困难、临时救助、急难救助、“一老一小”基金救助及城乡低保等各类补贴、救助资金5690余万元，惠及群众45000余人，开展服务活动共1010余场，直接受益9770余人次，间接受益26800余人次。

三、优化社会治理，全力推动高水平安全

构建干群共治、群众自治、县乡村联治和多元善治社会治理体系，不断强化精细化服务、网格化管理、信息化支撑，让基层社会治理更加高质高效。

一是创“榕易谈”畅通民意。以持续探索“我为群众办实事”长效机制为基础，创新“访民情、听民意、与民商、大家谈、解众难”的新时代文明实践“榕易谈”服务群众机制，通过政策宣讲、入户宣传、集中座谈和唠家常、讲变化等形式，与群众谈党的发展历史、大政方针、惠民政策、产业发展、人居环境、乡风文明、乡村治理、普法教育，着力收集并解决群众身边急难愁盼问题，有效增强各级各部门为民服务意识、能力和水平。同时，建立集群众需求、接单、落地、反馈为一体的“榕易谈”闭环式路径发展新模式，依托政府职能部门、新时代文明实践

中心志愿服务和社会帮扶资源，帮助解决群众反映的各类需求问题，提升基层群众满意度。2023 年以来，共开展“榕易谈”650 余场次，开展各类普法宣传教育活动 450 场次，成功化解矛盾纠纷 270 余起，帮助解决群众各类需求问题 390 余个。

榕江县委书记侯美彪在崇义乡敦仁村开展“榕易谈”听取民意

二是创“榕易办”便民服务。深化“一窗通办‘2+2’”改革模式，以实现前台无差别全项受理的“大一窗”为目标，在县政务服务大厅设置“自然人综合服务区 + 法人综合服务区、咨询岗 + 投诉岗”的“2+2”服务窗口，打破部门格局、行业壁垒，形成部门间数据通、系统通、业务通的政务服务协同联动机制，实现“咨询、辅导、审批、评价”的闭环管理。截至目前，实现自然人综合服务区 20 个部门 923 个事项、法人综合服务区22个部门577个事项无差别办理。同时，建立县乡村三级政务服务联动机制，搭建县乡村三级业务办理人员沟通对接平台，打造整体协同政府，在乡级设置便民服务中心，在村级设立便民服务站，由乡级对县级接收核验、核实申请人相关信息和数据、提供政府机构或村委会开具的证明等业务订单，对需要村级办理的由乡级转派到村，所有材料通过联动平台进行传输，不需要群众“多头跑”，实现群众办事“零跑腿”。2023年以来，通过联动平台全程网办率达73.03%，时限压缩率77.04%，电子证照汇聚量为1628个，证照调用1936次，让群众在家就能实现“远程办”。

榕江县政府服务中心开展“榕易办”现场观摩活动

三是创“榕易调”化解纠纷。坚持和发展新时代“枫桥经验”，以推进市域社会治理为契机，深化“一中心一张网十联户”，规范化建设综治中心，增设矛调中心、网格化服务管理中心等，在乡村两级依托便民服务中心、党群服务中心建设综治中心，保障调处群众矛盾纠纷工作必要场所，并建立联席制度，整合法院、公安、司法、人社等职能部门，开设相应职能服务窗口及综合接待窗口，按照诉求互补、联合接访、联合调处化解的原则，落实分管协作责任，将矛盾纠纷“一站式”调处化解，实现群众矛盾纠纷调处化解“只进一扇门、只跑一处地”。2023 年以来，依托省综治信息平台，有效处置各类事件 116127 件（含矛盾纠纷 3636 起），综治中心“一站式”调处窗口接待讨薪群众 40 批次 708 人，集中调处化解追讨农民工工资 234.54 万元。

贵定县宜耕灌木林耕地提质改造试点

中共贵定县委改革办、贵定县自然资源局

近年来，贵定县积极探索实施宜耕灌木林耕地提质改造试点，深挖宜耕后备土地资源生产潜力，着力解决补充耕地指标匮乏、增减挂钩周转指标难归还等难题，有效提高耕地综合产能，解决土地供需矛盾，补充耕地指标，保障粮油安全。

一、多方比对，精准划定宜耕地范围

一是明确宜耕地标准。制定《贵定县宜耕土地提质改造为耕地试点技术方案》，明确土地宜耕等级评价标准，依据地力条件好坏、能否提质改善、有无行业规划矛盾和矛盾能否化解等因素，将宜耕等级分为Ⅰ—Ⅳ级，并制定耕地改造标准，优先改造宜耕等级较高的地块，对确不适宜改造的地块纳入植树绿化、经济树种种植等范畴。

贵定县提质改造后的新增耕地

二是摸清宜耕地面积。全面摸排宜耕土地，与行业规划进行比对，建立县级宜耕土地资源初选数据库，委托第三方公司对宜耕地块进行外业调查，分批次编制可行性论证报告，确保项目实施“不踩红线”。目前，共筛查出符合自然资源政策条件的后备地块资源13500余亩，经认定，宜耕土地资源为4600余亩。

三是统一宜耕地权属。由自然资源部门负责理清宜耕土地所有权和经营权，充分征求群众意见，确定实施土地开发项目范围，签订土地开发协议书，依法依规开展土地流转，并统筹拟定开发土地使用权属，由平台公司进行项目规划与开发。截至目前，共签订土地开发协议1900余亩。

二、多种方式，高效推动宜耕地开发

一是政企合作开发。采取政府和社会资本合作（PPP）模式改造宜耕地块，由平台公司与市场主体签订合作协议，市场主体先行参与项目规划设计、工程建设、设施维护，工程竣工验收后，以获取的土地指标收益支付工程款。目前，共分批实施了项目20个5741亩。

二是引导农户开发。采取“村民自建”筹资投劳融资模式和实施主体“先建后补”融资的方式，鼓励支持农村集体经济组织或农民群众自主开展宜耕地综合整治。同时，由县绿叶集团提供技术指导支持，开展“小块并大块”宜耕地整理，加强农田基础设施建设，改善农业生产条件，提高土地利用效率。

贵定县宝山街道高原村群众利用新增耕地种植马铃薯

三是严格监管开发。强化政府监管属地责任、企业开发主体责任，对新增耕地实行图斑化管理，建立新增耕地后期管护工作责任制，加大耕地保护督查和执法监督，开展违法用地专项清理整治工作，保障长期稳定利用耕地。2022 年以来，共开展执法监督 850 次，查处土地违法案件 29 宗。

三、多种途径，深度强化宜耕地利用

一是探索地类互置。优先对宜耕等级高的地块进行集中连片开发，广泛造林绿化，用以置换同等面积的宜耕非林地绿化土地指标，进行耕地开发利用。实施耕地年度“进出平衡”管理制度，按照先补后占原则，及时恢复开垦耕地，补偿次年一般耕地转为其他农用地及农业设施用地指标。目前，已对 1900 余亩园地和灌木林地进行开发。

二是探索经济林种植。通过荒坡造林、林木更替、国储林提质改造、“四旁”种植等方式，在宜林荒地、灌木林种植以山桐子、油茶为主的经济林木，配套发展林下经济，规划打造林下体验式游玩项目，推进林旅融合发展。目前，全县种植山桐子 14 万亩，建成林下经济示范基地 7 个 5120 亩。

三是探索占补平衡。以县域自主平衡为主，市（州）统筹调剂为辅，落实补充耕地任务，保障辖区建设项目落实耕地占补平衡。明确由自然资源和财政部门共同探索建立耕地指标市场交易机制，制定补充耕地指标交易管理暂行办法，实行占补指标流转收益共享，滚动使用指标收益，生产耕地指标。2022 年以来，向省内转出增减挂钩指标约 81 亩，收益 1620.05 万元。

四是探索规模经营。持续推进新增耕地提质改造，推动碎片化耕地连片整理，将新增农田建设为高标准农田，补充永久基本农田耕地，提高粮食生产能力。以土地托管经营为突破口，借助验收结果，对新增耕地质量产能进行评估分类，按照“四议两公开”程序，流转到合作社或种植大户，实行规模化经营，有效破解土地流转难、分配不均、效益不高等难题。

贵州快递物流集聚区提质发展综合改革试点

中共龙里县委改革办、贵州快递物流集聚区管委会

近年来，龙里县以实施“一县一试点”为契机，聚焦快递物流集聚区短板弱项，通过持续优化交通体系、产业体系、服务体系、监管体系，加快推进贵州快递物流集聚区提质发展，奋力将其建设成为贵州省乃至整个西南地区的重点现代服务业集聚区。目前，集聚区已入驻企业（项目）50 家，日均快件分拣量达 450 万票，占全省分拨量的 90% 以上，日均进出各类物流车辆超过 2000 辆，直接带动就业 1 万余人。

一、优化交通体系，夯实物流基础

一是构建综合交通体系。借助已形成的铁路、航空和公路交通网络，持续建强基础、补强短板，陆续建成贵龙大道、龙溪大道等 10 余条城市快速干道，开设龙里西高速收费站等匝道口，形成“对外成链、对内成网、内外衔接”的现代综合物流路网。

二是搭乘中欧班列。打通跨境商贸路径，抢抓贵州开通中欧班列机遇，以黔货出山为依托，主动融入“一带一路”倡议，提升区域商贸物流产业开放合作水平。2020 年，通过中欧班列实现与俄罗斯首单 200 余

万元的雪松木材交易，专列物流为企业节约成本近 30%，现已逐渐形成长期合作模式，市场内 30 多家建材企业受惠。

三是织密公交网络。建立贵阳市交委、贵阳市公共交通有限公司、龙里县交通运输局三方协作工作机制，按照分建共享、降低成本原则，布局开通多条城际公交线路，加大龙里与花溪、南明、双龙航空港等区域串联，扩宽两地公交覆盖范围，更好满足两地群众出行需求。目前，已开通城际公交线路 5 条，营运车辆 18 辆，沿线设置公交站点 105 个。

二、联动产业体系，创新物流业态

一是“物流 + 工业”联动。针对集聚区工业产品不足，立足交通区位优势、快递产业基础、发货时效及物流运输等条件，先后引进原先森家具、鑫荣诚洗涤剂等 8 家工业企业入驻，推动“物流 + 工业”深度融合发展，有效降低企业运输成本，缩短工业成品交付周期。

二是“物流 + 农特”联动。重点围绕刺梨、豌豆尖等省内本土特优农产品销售推广，由政府出资与菜鸟合作建立黔货出山仓储中心，为农产品生产、销售主体提供免费仓储服务，提升农产品运输质效。全力打造蔬菜优势产业集群，引进贵海冷链、双龙市场等企业建成 17 万方（平方米）的冷藏保鲜库切实构建“物流 + 农特”黔货出山新通道。截至目前，黔货出山仓储中心已涵盖贵州茶、米、油、中药等 300 余类 2 万个名特优产品，日均发货量超过 10 万件。

三是“物流＋电商”联动。搭建电商孵化平台，积极招引优强电商企业入驻，为传统商贸企业提供一站式云仓服务，拓展线上线下商贸市场，不断完善园区电商仓配供应链，形成“物流＋电商”产业体系。统筹规划电子商务与快递物流发展，依托龙里电商产业园和黔货出山物流港电商平台，推动电商孵化基地和运营中心联动运营。截至目前，已引进怡展云仓、多多买菜等 20 余家电商企业入驻，实现商务在线对接、线下物流实时发货、线上线下有机融合。

贵州快递物流集聚区天猫仓配一体化中心

三、改进服务体系，优化物流环境

一是片区网格化服务。实行一个单位牵头和一名企业特派员包保服务一个片区的“1+1+1”网格包保服务制度，分网格、分片区为企业提供全方位“店小二”式服务，主动深入企业开展“暖企”“惠企”政策宣传，深入了解、协调解决企业在行政审批、复工复产、生产运营等方面遇到的问题。目前，集聚区内已划分服务网格7个，帮助企业协调解决问题46项。

二是运营公司化服务。借鉴经开区“区企一体化”改革成功经验，新成立一家国有资产运营公司（贵州众焰企业经营管理有限公司），彻底剥离集聚区管委会经济功能，由运营公司全面承接。运营公司主要负责集中调配管理集聚区国有资产、研判重复低效项目、引进外部战略投资，并对园区进行投资开发、资产管理、项目建设等。目前，运营公司已与园区多家企业在劳务用工、资产租赁以及装饰装修等领域达成战略合作，并引进社会资本重新盘活闲置商铺、停车场等低效国有资产，实现盈利200余万元。

三是配套功能化服务。在现有消防队基础上，指导中通、一均、深国际等5家企业组建企业微型消防站，逐步构建“专业＋地方＋企业”消防服务体系，补齐快递物流集聚区、贵龙工业园、谷脚片区消防短板。在集聚区设立警务室，配备10名常驻警力，实现警力全覆盖、警务无盲区，提升集聚区安保力量联防联控水平。针对教育、医疗等生活配套不足问题，已建成投用涵盖中小学的生态城实验学校，在建职工医院一所，重点洽谈引进商务酒店两个，连锁餐饮集团一个以及健身运动场馆一个。

四、强化监管体系，规范物流市场

一是智慧监管。建立公共数据库及资源共享平台，通过实时数据采集、智能化调度、自动化仓储等手段，实现数据实时共享交换，准确收集分析各企业营收、分拨量、车流量、用工数等关键经营数据，有效提升企业获取信息、共享资源、开发市场、享受服务便利度，提高物流运输效率和精确度。目前，已建成综合管理平台和指挥中心，中通、韵达、申通、极兔等多家头部快递企业均已实现智能化自动分拣，全面提高快件全程时效性，分拣系统用工率同比降低 23%，总体配送成本同比降低 25%。

二是协同监管。充分发挥贵州快递物流园区党工委统筹协调作用，聚焦企业发展，做好集聚区规划布局，做优精准服务，建立健全党工委联席会议制度，整合职能部门力量和企业资源，大力推进园区企业组织共建、阵地共享、活动共办、发展共赢。目前，集聚区党工委打造的“物流先锋·情暖万家”品牌被全国《非公有制企业党建》杂志评为快递物流业党建创新案例，并入选《贵州城市、易地扶贫搬迁安置和新兴领域党建工作典型经验和典型案例选编》。

三是标准化监管。研究制定物流集聚区统一的用工规范、操作规范和安全规范，建立现代化标准物流管理体系，推动集聚区快递物流企业规范化治理。针对企业劳务用工、特种操作以及安全生产方面乱象下发规范性指导文件，优化整合第三方劳务机构，强化企业用工管理，减少劳务纠纷案件，保障职工合法权益。目前，已整合第三方劳务机构27家，组织大型招聘活动10场，促进就业1100余人。

贵州快递物流集聚区鸟瞰

平塘县探索小区物业规范化管理改革试点

中共平塘县委改革办、平塘县住房城乡建设局、平塘县金盆街道党工委

近年来，平塘县聚焦民生需求，创新探索小区物业规范化管理机制，着力解决物业管理“进”不公开、“管”不透明、“助”不到位、“退”不畅通等方面的突出问题，推动全县小区物业服务管理质量水平不断提升。2023年以来，物业服务实现“零投诉”，物业缴费率由原先不足50%提高到95%，小区停车费由原来平均每月的260元降至125元，小区居民享受到了实实在在的利益。

一、实施“三项举措”，确保物业进入公开化

一是成立业委会机构。通过召开业主代表大会选出业委会委员，成立业主委员会，切实保障业主利益。2023年以来，已指导15个小区完成业委会换届选举工作。二是公开选聘物业。通过自主选聘物业管理企业，推行“试用期和任期制”聘用模式，执行试用期考核评估。截至目前，已指导15个小区选聘物业企业。三是建立报备制度。加强物业项目合同备案管理，规范物业项目招投标行为，建立信息共享机制，完善相关制度，加强监管，定期开展自查自纠，规范合同签订。目前，已有15家

物业企业按照要求完成备案登记。

二、制定“三张清单”，确保物业服务透明化

一是制定服务清单。建立“1+2”套餐式服务清单（即一个基础套餐服务加两个增值套餐服务），根据业主需求和小区实际进行“点单式”选择，促进服务质量提升。目前，共有 25 个物业小区按照服务清单内容开展工作。二是制定维修清单。划分基础设施维修类别，明晰责任，解决权责不清问题，确保小区内各项设施设备正常运行和小区生活环境持续向好。2023 年以来，伯爵公馆等 25 个小区投入维修费用 80 余万元，华地龙庭和新舟商贸城两个物业小区申请提取专项维修基金 6375.5 元。三是制定移交清单。健全资产资料移交和管理制度，制定移交清单，明晰公共收益归属权，采取线上线下“双公示”，确保开支公开透明。2023 年以来，已完成伯爵公馆等 8 个小区的资产资料移交备案工作，每年公共收益超过 20 万元。

平塘县召开小区物业规范化管理改革工作调度会议

三、畅通“三个渠道”，确保部门服务主动化

一是畅通“部门”服务渠道。建立县级物业联席会议制度，聚焦物业管理的“堵点”“痛点”“难点”问题，定期召开会议进行研究分析，出台解决措施，形成高效顺畅的综合管理机制。2023 年以来，召开物业联席会议三次，协调解决物业管理中的突出问题 20 个。二是畅通“街道”服务渠道。建立“小区党支部—业委会—楼栋党小组—楼栋长”组织架构，定期组织居民群众议事，着力推进基层治理体系和治理能力现代化。目前，全县城市社区划分综合网格 34 个，配备楼栋长 175 名，召开各类会议 65 次，解决问题 350 个。三是畅通“住管”沟通渠道。建立“业主反馈—响应处理—跟踪督促—评估评价”工作机制，定期召开“住管联动”恳谈会，对存在的突出问题及时会商研究解决，做到小事不出网格、大事不出社区。引导公职人员主动到社区报到登记成为志愿者，积极参与小区志愿服务活动。截至目前，共有 3000 余名公职人员在社区登记成为志愿者，开展志愿服务 4500 余次。

平塘县试点小区志愿服务队信息公示栏照片

四、建立“三项机制”，确保物业退出规范化

一是建立考评机制。组建考核工作组，细化考核指标，量化考核标准，定期开展日常督查和综合评估。目前，累计开展督导 80 余次，完成全县 25 个物业小区考核工作。

二是建立退出机制。根据评估结果，对第一次考核不合格的物业企业进行约谈，督促抓好问题整改落实，对在下一次考评时未完成整改且考核结果仍为不合格的，按程序清退。2023 年以来，指导两家物业按规定解除合同。

三是建立奖惩机制。建立健全奖惩机制，对年度综合考评落后、群众满意度低的物业企业进行末位清退，对星级较高的物业企业在招聘评选时优先考虑，形成优胜劣汰的竞争环境。截至目前，对 5 家服务水平较差的物业企业进行约谈，并对 4 家服务水平好的进行授牌表扬。

兴义市易地扶贫搬迁“新市民计划”基本公共服务标准化建设试点

中共兴义市委改革办、兴义市乡村振兴局

近年来，兴义市以推进易地扶贫搬迁“新市民计划”基本公共服务标准化建设“一县一试点”为契机，充分发挥“全省扶贫开发改革现场培训教学基地”作用，探索建立市、街道、社区三级联动，政府、企业、社会三方互动的标准化“五员队伍”，聚焦事关新市民切身利益的民生工程和急难愁盼问题，全力打造就业、平安、文明、幸福、红旗“五型社区”，广大新市民获得感、幸福感、安全感更加充实、更有保障、更可持续。

一、加强指导队伍建设，打造就业型社区

一是组建就业指导队伍。由街道分管新市民就业工作领导牵头，人力资源和社会保障服务中心、劳务服务站、农业农村服务中心相关负责人和驻社区帮扶干部、社区“两委”班子、网格员等人员组成就业指导队，根据产业、就业“两业”需求，负责发展壮大集体经济，带动群众就业，同时抓好信息统计、创业培训、组织对接、服务保障、权益维护等工作。截至 2023 年年底，就业指导队共有成员 61 人。

兴义市新市民在园区就近就业

二是探索就业稳岗机制。探索“三三一告”模式，即为未就业劳动力推荐就业次数不少于三次，推荐岗位不少于三个，对推荐岗位后仍未就业的，告知其到就业创业服务中心参与现场推荐。创新推出就业包保服务卡，卡片上注明户主姓名、家庭劳动力就业人数、就业人员务工情况和包保干部姓名、电话，包保干部每月定期核实包保户就业情况后反馈至街道人社中心，构建起动态监测、专人推进、即时服务、末端管理工作机制。

三是破解就业创业难题。由就业指导员根据不同群体分别建立新型就业创业服务机制。对有外出务工就业意愿但缺乏文化知识的新市民，通过联系能人带动外出就业；对有就近就业意愿的新市民，推荐到本地农业产业龙头企业、合作社、扶贫车间等用工主体就业；对有自主创业意向的新市民，组织开展茶艺、保育、美容、家政等中长期项目培训，让新市民“一技傍身，终身受益”。截至2023年年底，有就业意愿的新市民劳动力就业率已达100%。

二、完善治理体系，打造平安型社区

一是组建社区治理队伍。由街道分管新市民社区治理工作领导牵头，综治中心、司法所、派出所、法庭相关负责人和人民调解员、治保主任、治安网格员等组成社区治理队，负责抓好群众间的矛盾纠纷调解、社会治安防控、安全宣传教育、维护社区平安和谐等工作。截至2023年年底，社区治理队共有成员122人。

兴义市康平社区“五员队伍”

二是探索社区治理路径。组建“民警 + 楼长 + 义务巡逻队 + 治安信息员 + 治安共商员”微警务群，实时收集新市民诉求；组建“律师 + 法律顾问 + 心理咨询师”咨询服务团，定期到新市民社区“值班坐诊”，为新市民提供专业法律咨询、一对一心理疏导等服务；组建“法院 + 司法 + 综治部门”司法确认团，将社区矛盾纠纷调解工作及时引入司法确认程序。截至 2023 年年底，新市民社区共有微警务群 10 个，咨询服务团 1 个，司法确认团 9 个。

三是破解社区治理难题。借助微警务群、咨询服务团、司法确认团等方式，积极引导群众通过合法程序、合法渠道表达自身诉求，社区治理队对合理诉求及时做好登记、限时办结，并对不合理诉求做好解释、疏导和安抚工作。建立“一对多”联系包保机制，治理员定期到所包保新市民户进行问题排查走访，将苗头性问题化解在萌芽状态，全力打造平安社区。2023 年，成功调解矛盾纠纷 232 件。

三、加强宣传队伍建设，打造文明型社区

一是组建文化宣传队伍。由街道分管新市民社区文化工作领导牵头，科技宣教文化信息服务中心、老年日间照料中心相关负责人和民族文化传承人、社区文化宣传员等组成文化宣传队，通过组织开展各种文艺活动和宣扬各搬迁地区民俗文化，不断满足新市民的精神文化需求，坚定他们对未来生活的信心和决心。截至 2023 年年底，文化宣传队共有成员 92 人。

兴义市搬迁群众做手工刺绣

二是创新社区融入方式。将党的惠民政策、党群共建新家园的美好生活现状编写成通俗易懂的“顺口溜”，在社区广场大屏幕滚动播放；将各民族、各区域新市民的不同民俗风情编排成相声、小品在文艺活动中进行表演；在新市民社区地板、墙面植入迁出地特色实物、标志图例；通过建设社区民族陈列室展出布依八音坐唱、三月三、六月六等民族元素，分门别类的“乡愁记忆”让新市民更快融入新生活。

三是破解陈规陋习难题。文化宣传队定期组织开展模范新市民评选活动，表彰就业先锋户、创业先锋户、五好品行职工、孝老爱亲户、文明家庭户等，营造比学赶超的精气神和新气象。如，每季度配合市总工会，采用积分兑物奖励制，培育“忠党爱国、爱岗敬业、遵纪守法、诚实守信、文明友善”的五好新市民品行职工，促“他管”为“全民参与管”，文明社区创建初见成效。

四、强化服务意识，打造幸福型社区

一是组建公共服务队伍。由街道分管新市民社区公共服务工作领导牵头，中小学、民政办、规划办、应急管理服务中心、卫生院相关负责人组成公共服务队，扎实抓好就学、就医、医保、社保、民政救助等基本公共服务事项，让新市民在城镇公平享受公共资源和社会福利，增强其获得感、幸福感和安全感。截至 2023 年年底，公共服务队共有成员 113 人。

二是健全服务保障体系。新市民子女教育实行师资优化、营养改善、教育资助、控辍保学、行为养成、倾情关爱“一条龙”服务；在社区卫生院同步挂牌成立市人民医院医共体分院，完善远程诊疗信息化系统，实现新市民下楼即可看病取药；按照“即申请、即调查、即符合、即办理”原则，将符合条件的新市民家庭纳入巩固脱贫成色险、安居险、临时救助等政策保障范围，建立多层次、全方位的新市民社会保障体系。

三是破解保障均衡难题。采取“线上 + 线下”双线并轨方式开展新市民对教育、医疗、住房等保障服务满意度调查，线上依托楼栋微信群收集各类反馈意见，并建立台账进行逐一核实整改；线下以抽样调查方式向部分新市民发放调查问卷了解民情民意，对新市民提出的问题，服务员有权限解决的立即解决，对一时不能解决的按程序报新市民办协调解决。截至目前，共收集新市民关于保障体系意见建议 126 条，合理意见建议已全部解决，群众满意度达 100%。

五、明确工作职责，打造红旗型社区

一是组建党建工作队伍。由街道分管新市民社区党建工作领导牵头，社区第一书记、结对帮扶党组织负责人、社区党组织书记等人员组成党建工作队，扎实开展新市民社区党建工作，着力把党的政治优势、组织优势、密切联系群众优势转化为社区治理的制度优势，切实把党的领导制度优势转化为社会治理效能。截至目前，党建工作队共有成员 55 人。

二是创新包保结对机制。明确一名副县级以上领导包保一个新市民社区，探索机关事业单位党支部、新市民社区附近先进党支部、搬出地党支部与新市民社区党组织结对机制，共商党支部标准化规范化建设、“三会一课”、党员教育、产业发展、社会治理等工作。截至目前，8 个新市民社区党组织实现包保结对全覆盖，党支部标准化规范化建设达标率为 100%，其中栗坪社区党支部被评为 2021 年“全国脱贫攻坚先进集体”。

三是破解组织不强难题。结合各社区党员数量、人口规模等，采取产业相近、地域相邻、资源互补方式，以提升组织能力为重点，创新党组织设置和活动方式，不断优化基层组织设置，实现力量统筹、资源共享，充分发挥基层党组织战斗堡垒作用。将党旗图案、党徽图案、党的理论政策要求等党建元素，通过造型、标语植入社区办公区、居民休闲区、宣传外墙等，营造浓厚党建引领氛围，切实提升基层党组织的凝聚力、战斗力。

兴仁市零工市场建设试点

中共兴仁市委改革办、兴仁市人力资源社会保障局

为解决零工市场散乱无序的问题，向灵活就业人员和用工主体提供更具实用性、针对性、综合性、市场化的便利服务，兴仁市结合实际建设布局科学、运行高效、服务优质的零工市场。同时，健全零工市场管理机制、服务流程，明确工作职责，逐步完善功能、拓展延伸服务。搭建就业服务台，推行“即时快招”服务模式，为零工和市场主体提供政策咨询、岗位供求、合同签订等服务。创新培训服务、就业援助、权益保障等机制，实现就业和用工的精准匹配，帮助更多的灵活就业人员就业，全力保障就业人员的合法权益。加强市场监管，强化动态监测，规范市场秩序，引导市场主体规范运营。

一、高位推动，高效推进，打造零工市场服务体系

结合全市零工市场建设工作实际，制定《兴仁市零工市场建设试点实施方案》，通过采取“政府主导 + 企业运作”发展模式，鼓励支持全市有影响力的劳务派遣公司运营管理，与原有的县、乡、村三级平台形成互补，为零工人员打造一个温馨、方便、快捷的就业服务平台。截至目

前，全市建成一个市级公益性线下零工市场、一个线上零工市场，在人员集中镇村配套建成 25 个零工驿站，配备业务人员 30 余名，累计引导 60 家企业入驻兴仁市零工市场，提供日常用工招聘服务。

兴仁市零工市场工作人员正在提供求职咨询

二、科学选址，合理布局，提升零工市场服务能力

结合全市零工市场建设需要，按照科学合理布局、辐射面积广的原则，选择交通便利、人员求职较为集中的兴仁市农机路中段（原工会办公楼）设立兴仁市首家公益性线下零工市场，场地面积约 960 平方米，规划停车位 47 个，休息座椅 77 把，配备电脑、打印机、电视机、电子显示屏等办公设备，持续推送相关就业政策信息、法律法规及各类用工求职信息。

兴仁市零工市场

零工市场按功能共划分为综合服务区、零工待工区和生活服务区。综合服务区主要承担零工市场日常性事务、接待工作等，设立求职（用工）登记、技能培训、劳动维权、政策咨询等 5 个服务项目；零工待工区配备了休息座椅、饮水设备等便民生活设施；生活服务区提供休息等候、饮水、急救药箱等设施用品。截至目前，通过零工市场服务体系已开展线下求职登记服务 1900 余人次，促进零工就业 2800 余人次，实现劳务供需对接 9300 余人次。

三、扩宽渠道，延伸触角，强化零工市场信息化建设

依托“1+N”线上线下公益性零工市场体系，聚焦就业服务、政策咨询、劳动关系维权服务、便民服务等高频需求，推动用工信息、求职信息高效匹配衔接，打造标准化零工市场，提升零工市场服务质量。

2023 年 6 月，兴仁市启动线上零工市场建设工作，积极开发线上零工市场服务功能，为零工人员和雇主提供线上平台点工、招工、工资结算等就业服务，让零工人员根据求职意愿，在平台上智能化匹配合适就业岗位，用工主体可以根据自己的用工需求，在平台上进行“点工”，缓解“活找不到人，人找不到活”的难题。通过宣传引导，“市场 + 驿站”平台完成零工注册 1972 人，提供政策咨询、劳动维权等就业服务累计 2.6 万余人次，通过零工线上平台发布车间工人、生产线操作工、保洁员、保安、普工等零工就业岗位累计 12000 余个。同时，线上平台工资结算功能已实现自动结算工资，有效避免产生劳务纠纷，促进零工揽工行为规范化，保障零工人员合法权益。

兴仁市零工市场劳务维权集中宣讲

扫一扫轻松关注

“贵州改革”微信公众号